어디서 와서 어디로 가는가

모곡 사야도의 12연기 법문

옮긴이 | 조영미(禪香)
한국외대 졸업. 호주대사관 무역대표부 근무. 상좌불교 한국 명상원 정회원

주해자 | 묘원(妙圓)
현재 사단법인 상좌불교 한국 명상원 이사장 (vipassana-@hanmail.net)

어디서 와서 어디로 가는가
모곡 사야도의 12연기 법문

2006년 7월 25일 1판 1쇄 발행
2009년 12월 10일 1판 2쇄 발행

편역   우 탄 다잉
옮긴이   조영미
주해자   묘원
펴낸이   곽준

펴낸곳 (주)도서출판 행복한 숲
출판등록 2004년 2월 10일 제16-3243호
주소   서울시 강남구 논현동 98-12 청호불교문화원 나동 3층 306호
전화   (02)512-5255, 512-5258 팩스 (02)512-5856
E-mail   sukha5255@hanmail.net
http://cafe.daum.net/vipassanacenter

ISBN   89-955675-4-6 (03220)
값 15,000원

* 잘못된 책은 바꾸어 드립니다.

어디서 와서 어디로 가는가

모곡 사야도의 12연기 법문

우 탄 다잉 편역

조영미 옮김 | 묘원 주해

행복한 숲

Published on behalf of the Society by
Society For the Propagation of Vipassana
(Mogok Sayadaws Way)
Printed by
Than Htike Yadanar Offset (05131)
No-84, 50th Street,
Pazundaung T/S

모곡 사야도

《12연기(緣起)의 부분·연결·요소·시간의 분류표》

1. 근본원인 : 2가지　(1) 무명(無明. Avijja)
　　　　　　　　　　(2) 갈애(渴愛. Taṇha)

2. 성제(聖諦. Sacca) : 2가지　(1) 집제(集諦. Samudaya Sacca)
　　　　　　　　　　　　　　(2) 고제(苦諦. Dukkha Sacca)

3. 부분 : 4가지　(1) 과거 원인의 연속
　　　　　　　　(2) 현재 결과의 연속
　　　　　　　　(3) 현재·미래 원인의 연속
　　　　　　　　(4) 미래 결과의 연속

4. 요소(연결고리) : 12가지　부분 1　(1) 무명(無明. Avijja)
　　　　　　　　　　　　　　　　　(2) 행(行. 업의 형성. Saṅkhāra)
　　　　　　　　　　　　　부분 2　(3) 식(識. 의식. Viññaṇa)
　　　　　　　　　　　　　　　　　(4) 명색(名色. 정신과 물질. Nāma
　　　　　　　　　　　　　　　　　　　Rūpa)
　　　　　　　　　　　　　　　　　(5) 육입(六入. 六根. Saḷayatana)
　　　　　　　　　　　　　　　　　(6) 촉(觸. 접촉. Phassa)
　　　　　　　　　　　　　　　　　(7) 수(受. 느낌. Vedanā)
　　　　　　　　　　　　　부분 3　(8) 갈애(渴愛. 愛. Taṇha)
　　　　　　　　　　　　　　　　　(9) 집착(執着. 取. Upādana)
　　　　　　　　　　　　　　　　　(10) 업의 생성(業의 生成. 業有. Kamma
　　　　　　　　　　　　　　　　　　　Bhava)
　　　　　　　　　　　　　부분 4　(11) 생(生. 태어남. Jāti)
　　　　　　　　　　　　　　　　　(12) 노사(老死. Jarāmaraṇa)

5. 연결(Link) : 3가지   (1) 행(行. 업의 형성. Saṅkhāra) ↔ 식(識. Viññāṇa)
                      (2) 수(受. 느낌. Vedanā) ↔ 갈애(渴愛. Taṇha)
                      (3) 업의 생성(業의 生成. 業有. Kamma Bhava) ↔ 생
                         (生. Jāti)

6. 굴레(Vaṭṭa) : 3가지   (1) 번뇌의 굴레(Kilesa Vaṭṭa)
                       (2) 업의 굴레(Kamma Vaṭṭa)
                       (3) 과보의 굴레(Vipāka Vaṭṭa)

7. 시간(Period) : 3가지   (1) 과거(Past)
                       (2) 현재(Present)
                       (3) 미래(Future)

8. 전체요소 : 20가지   (1) 과거의 원인 5가지 : 무명, 행, 갈애, 집착, 업의
                        생성
                     (2) 현재의 결과 5가지 : 식, 명색, 육입, 촉, 수
                     (3) 현재·미래의 원인 5가지 : 갈애, 집착, 업의 생성,
                        무명, 행
                     (4) 미래의 결과 5가지 : 식, 명색, 육입, 촉, 수

번뇌의 굴레 ← 무명(無明. Avijjā) ↔ 갈애(渴愛. Taṇha) / 집착(執着. Upādāna)

업의 굴레 ← 행(行. 業의 形成. Saṅkhāra) ↔ 업의 생성(業의 生成. Kamma
                                                    Bhava)

12연기

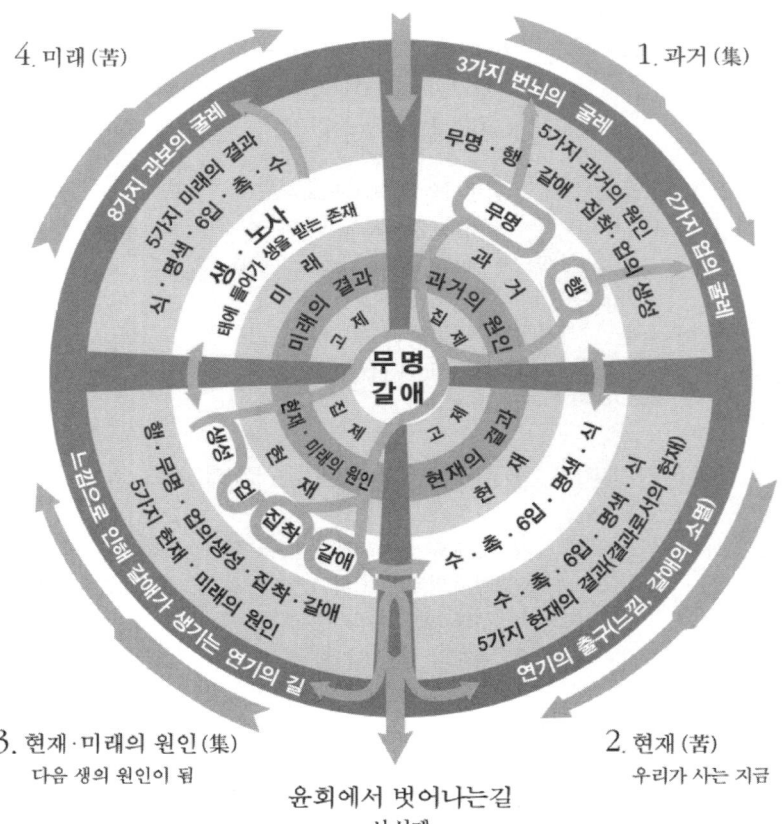

무명인 상태로 죽으면
다시 무명인 채로 태어남

4. 미래 (苦)

1. 과거 (集)

3. 현재·미래의 원인 (集)
다음 생의 원인이 됨

윤회에서 벗어나는길
사성제

2. 현재 (苦)
우리가 사는 지금

차례

서문

　이 책은 연기(緣起)의 법칙을 통해 오온(五蘊)에 대한 참된 지식을 얻으려는 수행자를 위한 훌륭한 안내서다. 난해한 연기법의 이해를 돕는 탁월한 저작이다. 모곡 사야도의 법문을 영어로 펴낸 우 탄 다잉(U Than Daing)은 수행의 관점에서 연기법을 매우 분명하고 깊이 있게 설명해 주고 있다.

　이 책은 다음과 같은 사실을 알려준다. 첫째, 수행자에게 고통에서 벗어나는 바른 길을 제시한다. 둘째, 일반적으로 개아, 남자, 여자로 불리는 다양한 육체적·정신적 현상들은 우연히 생기는 것이 아니라 반드시 어떤 원인과 조건에 의한 결과이다. 셋째, 태어남과 죽음은 조건에 따른 것이다. 넷째, 이 조건들이 제거되면 모든 고통이 사라진다. 다섯째, 고제(苦諦)와 집제(集諦)를 일반적인 순서로[順觀. anuloma] 그리고 집제(集諦)와 멸제(滅諦)는 순서를 역

(逆)으로 하여[逆觀. paṭiloma] 그 철학적인 의미를 밝히고 있다. 이상과 같이 연기법은 붓다의 가르침을 진정으로 이해하고 실현하기 위해 반드시 익혀야 할 핵심적 요소다.

불교에는 다른 종교 및 철학과 구별되는 특성이 있다. 불교는 자비로 시작해서 지혜로 완성된다. 불교의 특성이라 할 수 있는 해탈의 방식은 다른 모든 종교들과는 완전히 다르다. 이들 종교들은 "신에게로 귀의하라. 신에게 기도하고, 너 자신을 신에게 바쳐라. 신과 하나가 되어라"라고 가르친다. 기독교, 힌두교, 이슬람교, 조로아스터교, 유대교는 모두 '신'이라는 개념에 근거를 둔 가르침을 편다. 이들 종교들은 인간이 신을 믿기 전까지는 진정으로 참되고 유용한 삶을 살아갈 수 없다고 얘기한다. 우리는 이들 종교를 믿는 많은 사람들이 관용과 순수 그리고 성스러움이 가득한 삶을 살아가는 것을 알고 있다. 그러나 한편으로 붓다께서는 해탈을 향한 첫 발걸음으로서 결코 신을 경배하라고 요구하지 않으셨고, 붓다를 따르는 수많은 사람들도 관용과 순수 그리고 성스러움이 가득한 삶을 살고 있는 것을 볼 수 있다.

불교가 다른 모든 종교들과 구별되는 교리 중 하나는 무아(無我. Anatta) 곧 자아가 없다는 것(non-ego)이다. 유대 철학에 의하면 몸속에 머무르는 한 개체가 있어 인간의 행위를 지배한다고 한다. 그것은 변하지 않고 항상(恒常) 하는 것으로서 죽어서도 어딘가에

변함없이 존재하여 심판의 날이 되면 천국이나 지옥으로 간다고
믿는다. 자아(自我. Atta)는 영원하며 육체 안에 거주하는 분리 가
능한 존재라는 견해는 인도 사상, 학파들 사이에서 널리 인정되
어 왔다.

최근 들어서 현대 유럽의 철학자와 과학자들이 모든 것은 유동
적이고 변화하는 상태일 뿐이고 영원한 것은 없다는 사실을 인지
하기 시작하였다. 하지만 붓다께서는 이미 2,500년 전에 몸뿐만
아니라 마음에도 이 법칙이 적용됨을 가르치셨다.

우리가 '인간'이라고 부르는 것은 정신과 물질로 이루어져 있
다. 붓다께서는 소위 인간을 이루고 있는 정신(Nama)과 물질(Rūpa)
이외에 어디에도 영원불멸의 영혼 또는 자아라고 불릴 만한 것은
없다고 가르치셨다. 물질은 눈에 보이지 않는 특성과 기운들, 즉
빨리어로는 마하부따(Maha-Bhūtas. 四大)로 알려진 근본 요소들이
눈에 보이는 형태로 나타난 것이다.

사대(四大)는 분리될 수 없으며 상호 연관되어 있다. 모든 형태
의 물질은 근본적으로 사대로 구성되어 있으며, 물질은 어떠한
비율로 섞여 있든지 간에 이들 사대가 결합한 것이다. 하지만 물
질들은 사대가 여러 가지 다른 형태로 결합됨에 따라 각기 다른
외형과 모양, 형태로 마음에 인지된다는 사실을 알아야 한다.

존재의 가장 중요한 부분인 정신은 본질적으로 의식의 흐름이라고 할 수 있으며 '생각'이라는 단어로 표현될 수 있다. 여기에서 생각은 단순한 생리학적 기능이 아니라 마치 전기와 같은 에너지를 의미한다. 생각과 생각의 흐름은 네 가지 물질적 기본 요소에 상응하여 정신적 요소로 드러난 것들이다. 존재는 근본적으로 유동 상태인 생각의 힘(thought-forces)이 나타난 것이다.

붓다께서는 마음은 네 가지 정신적인 무더기[蘊]로 이루어졌다고 분석하셨다. 즉, 첫째, 모든 종류의 감각 혹은 느낌들[受], 둘째, 감각대상에 대한 인지 혹은 감각에 대한 기억[想], 셋째, 성향과 능력을 포함한 50가지의 정신적 요소[行], 그리고 넷째, 이상 세 가지의 근본 요소인 의식[識]이다.

이렇듯 소위 존재는 오온으로서, 항상 변화하며 연속적인 두 순간에 결코 동일한 모습으로 존재하지 않는 물질적·정신적 에너지의 결합물이다.

이들 오온(五蘊) 중에 자아 또는 영혼이라고 할 만한 것이 있는가? 붓다의 대답은 '없다'는 것이다. 무엇을 자아 또는 영혼이라고 할 것인가? 위에서 말한 바와 같이 이들 오온과는 별도로 자아라고 불릴 만한 것은 어디에도 없다. 이제 여기에서 우리는 모든 존재의 세 가지 근본 특성[三法印] 중의 하나인 무아의 특성,

즉 영구불변하는 자아 혹은 영혼이 없다는 사실을 접하게 된다. 바로 이 무아의 법칙이야말로 불교의 뛰어남을 보여주고 불교가 기타 종교들과 구별되는 점이다.

만일 수레에서 바퀴와 축, 바닥과 측면, 채와 기타 모든 부분을 빼버린다면 무엇이 남겠는가? 남는 것은 아구것도 없다. 이들 각 부분들이 결합하여 수레라는 이름으로 불린다. 이와 같은 방식으로 오온이 결합하여 하나의 존재가 된다. 이런 존재는 육체적·정신적인 변화의 상태에 따라 구별되며 그 종류와 형태, 모양에 따라 수많은 이름으로 불린다.

생명의 궁극적인 근원이라는 문제에 대해서는 두 가지의 주요 견해가 있다. 첫째는 무한한 과거 속에 시원(始原)이 있고, 그 시원 또는 제1원인은 창조주[神]라고 하는 견해이다. 두 번째 견해는 생명은 시원이 없으며 원인이 결과가 되고 결과는 다시 원인이 되는 이러한 원인과 결과의 연결고리 속에서 제1원인인 시원은 알 수 없다는 견해다.

생명은 시원이 있고 그 시원은 창조주라는 첫째 견해를 취한다면 이 창조주 자신은 어떻게 존재하게 되었으며 그의 존재는 어떤 법칙에 의해 조건 지어지거나 지배받는 것이라는 의문이 생긴다. 만일 그러한 존재가 어떠한 선행하는 원인 혹은 창조주 없이 저절로 존재할 수 있다면 이 세계나 이 세계의 모든 생명체들이 창조주 혹은 선행하는 원인 없이도 평등하게 존재할 수 있다는 사실에 대해 반박할 수 있는 근거가 사라진다.

또 다른 견해가 있다. 즉 생명에는 시원이 없다고 하는 불교적인 관점이다. 붓다께서는 "현상으로 나타난 존재의 근원은 알 수가 없고, 존재의 시작은 무지에 의해 막히고 갈애에 의해 덮여져 발견할 수가 없다"(『상윳따니까야』 II, 178)고 하셨다. 이와 같이 생명체, 즉 우주는 원인과 결과라는 자연법칙의 지배를 받는다. 원인은 결국 결과가 되며 결과는 다시 원인이 되어, 태어남은 죽음으로 이어지고 죽음은 다시 태어남으로 이어진다. 태어남과 죽음은 한 생명 과정의 두 가지 단계이다. 이러한 원인과 결과, 즉 불교의 윤회라고 알려진 태어남과 죽음의 고리 속에서 시발점은 알 수가 없다. 윤회(輪廻)를 뜻하는 빨리어 삼사라(Saṁsāra)는 영원히 방황하는 재생(再生)의 순환을 의미한다.

삶과 죽음의 이러한 과정은 연기 안에서만 분명하게 설명할 수 있다. 연기는 윤회에 대한 설명이고 삶과 죽음의 과정과 원인을 다루고 있다. 연기는 생명의 절대적인 근원을 밝히려 한다거나 세계의 진화에 대한 이론이 아니다. 연기는 각 과정을 연결하는 열두 가지의 결합 및 상호 요소들로 이루어져 있다.(도표 참조)

12연기 중 처음 두 가지인 무명(無明)과 행(行)은 과거의 존재를 의미하며, 무지의 탓으로 형성된 과거의 업(業)을 말한다. 식(識)에서 수(受)까지의 연결고리는 과거의 존재 혹은 과거의 행위[業]가 현재의 결과로 나타난 것이다. 갈애(渴愛)에서 업의 생성[業有]까지의 연결고리는 현재 매 순간 진행 중인 의도를 가진 행위를 가리킨다. 이는 우리의 성격이나 환경 등 현재 처한 위치가 과거에 행한 업의 결과라고 할지라도 미래는 지금 하고 있는 행위, 즉 현재의 환경에 어떻게 대응하는가에 달려 있으며, 다음 생으로 이어지는 업력(業力)의 질을 바꾸거나 수정할 수 있는 힘이 우리 안에 내재되어 있다는 것을 의미한다. 마지막 두 가지 연결고리인 생(生)과 노사(老死)는 현재의 행위에 따른 미래의 결과를 나타내는 것이다. 이렇게 존재의 연속적인 흐름에는 과거, 현재, 미래가 있다.

이제 연기(緣起)는 다음 세 가지의 큰 물음에 대한 해답을 준다.

__우리는 어디에서 왔는가?

우리는 과거로부터 왔다. 과거에 행했던 행위로부터, 끝내지 못한 생의 노고로부터, 과거의 악과 덕으로부터, 우리 자신의 무지의 어둠으로부터, 그리고 자신의 욕망으로부터 왔다. 이렇게 우리는 과거의 악과 덕을 가지고 현재를 살면서 미래를 향해 나아가고 있다.

__우리는 왜 여기에 존재하는가?

우리는 과거로 인해 이곳에 존재한다. 과거는 현재를 낳고, 현재로부터 미래가 생성되기 때문이다. 우리는 우리 자신의 기쁨과 슬픔에 의해 이곳으로 불려왔으며, 자신의 욕망에 의해 이곳으로 이끌려와 이기적인 욕망이 완전히 소멸할 때까지 이곳에 남는다.

지혜로운 이에게는, 이 생이 과거에 자신이 쌓아놓은 짐을 제거하고, 잘못된 행위, 그릇된 관점, 삶과 죽음에 관한 잘못된 인식을 바로잡으며, 중도(中道)의 길로 발을 들여놓을 수 있는 기회이다.

__우리는 어디를 향해 가는가?

우리는 우리가 가진 원인에 따른 결과를 향해 나아가고 있다. 삶의 수고를 다하지 않은 이는 생의 수레바퀴(윤회)를 끝없이 돌 뿐이며 완전한 소멸을 할 때까지 고달픈 삶을 되풀이한다. 그러나 중도의 길을 따라가 삶의 수고를 다 마친 이는 모든 고통의 완전한 종말인 닙바나(Nibbāna. 涅槃)의 상태에 도달한다.

삶에 대한 거대한 환상을 벗는 것이야말로 우리 인간이 해야 할 일이다. 세속의 한가운데에서 평형을 유지하는 것이 붓다의 길이다. 삶을 숙고하되 세속의 삶 속에 말려들지 않는 것이 붓다의 법이다. 세속의 삶 속에서 보다 높은 영적인 삶으로 나아가라는 것이 붓다의 충고다. 불자에게는 실재하고 변하지 않는 닙바나에 들어가는 것이 삶의 완결이다.

이 책은 연기법을 쉽고 분명하게 설명하기 위해 많은 노력을 기울였다. 연기를 이해하여 위빠사나 수행을 하고자 하는 사람에게는 실제 수행할 때 필요한 부분을 간결하게 설명하고 있다. 이 간략한 연기법의 해설서가 빨리어 원문을 읽을 여유가 없는 외국의 독자에게 도움이 되기를 바라며, 이 책을 통해 연기법의 실재적이고 철학적인 이해에 보다 근접해 갈 수 있는 기회가 되길 바란다.

1967년 9월 30일
미얀마 양곤 우 티띨라(Ven U Thittila)
아가마하빤디따(Aggamahāpandita)

들어가는 말

Namo Tassa Bhagavato Arahato Sammāsambuddhassa

나모 따사 바가와또 아라하또 삼마삼붓다사

존귀한 분, 공양 받을 만한 분, 완전한 깨달음을 이루신 붓다께
경배합니다.

붓다께서 설하신 모든 법 중에서 가장 두드러진 진리는 사성제
(四聖諦)^{주해1)}로서 이는 중요하고 핵심적인 붓다의 가르침이다. 사
성제 다음으로 중요한 위치를 차지하는 것이 바로 연기법이다.

수다원, 사다함, 아나함, 아라한^{주해2)}의 도과(道果)^{주해3)}는 연기의
연결고리를 깨어 부수고 사성제를 완전히 이해하고 실천함으로
써 획득할 수 있다. 부처가 되기 전 위빠시(Vipassi) 보살^{주해4)}께서

는 12연기를 여러 번에 걸쳐, 끝에서 시작하여 처음으로 그리고 처음에서 끝으로 깊고 진지하게 숙고하였다. 그런 후에야 무지와 갈애를 완전히 뿌리 뽑았고 궁극의 해탈을 얻으셨다.

우리에게 오신 고따마 붓다[주해5]께서도 이전 부처님들의 족적을 따라 12연기를 끝에서 처음으로, 처음에서 끝으로 여러 번에 걸쳐 깊고 진지하게 숙고하신 끝에 결국 무지와 갈애에서 벗어나고 그 뿌리를 뽑아 마침내 대지의 흔들림과 같은 커다란 이변으로 나타난 깨달음의 경지를 얻으셨다.

__완벽한 법칙

빨리어 경전인 삼장(三藏) 안에는 불교 신자가 아닌 자들의 비난을 받을 수도 있는 몇몇 경전이 있지만 진리의 법인 연기법에는 그 어떤 논쟁이나 비난 혹은 논란의 여지가 없다.

빠타나(Paṭṭhāna. 發趣論. 『아비담마』의 일곱째 권)가 『아비담마』에서 높이 평가받고 있는 이유는 이미 성스러운 길에 접어든 이들(아라한)이 분석지를 획득하는 데 도움이 되기 때문이다. 이와 마찬가지로 연기법은 범부(凡夫)가 가진 유신견, 상견, 단견, 무인론 등 여러 가지 사견(邪見)[주해6]을 제거하는 데 매우 중요한 역할을 한다. 이들 사견들, 즉 그릇된 믿음의 제거는 수다원도(흐름을 이겨 아라한위로 가기 위한 첫 단계의 도)를 얻는 데 가장 핵심적인 부분이다. 이들 네 가지 사견[1]을 완전히 제거해야 비로소 범부는 다음 생에 사악도의 낮은 세계에 떨어질 위험에서 벗어날 수 있다. 사견을 벗어난 이는 이제 수가띠(Sugati. 善趣)^{주해7)}로 태어난다.

이와 같은 인과적 발생 혹은 재생연결의 법칙 등으로 설명되는 연기(緣起. Paṭiccasamuppāda)의 법칙은 범부들로 하여금 사견의 속박에서 벗어나 사악도의 위험에 떨어지지 않게 하려고 붓다께서 설하신 것이다. 이 법은 매 순간 이것이 존재함으로 저것이 존재하고, 이것이 일어남으로 저것이 일어나며, 이것이 존재하지 않음으로 저것 또한 존재하지 않는다는 사실을 보여준다. 이는 아래와 같이 표현할 수 있다.

A가 존재하므로 B가 존재한다.
A가 일어나므로 B가 일어난다.
A가 멈춤으로 B가 멈춘다.

이것은 연기법에 의해 연관된 사건들이 끝없이 일어나고 있는 것을 보여준다. 이 법은 그자체가 복합적이고 완벽하며 어떠한

---

1) 사견(邪見. Diṭṭhi)이 제거되면 의심(Vicikicchā)이 남아 있을 수 없다. 사견과 의심은 동시에 사라진다.

분쟁이나 비판 혹은 논쟁으로부터 자유롭다.

__연기법은 사견에 맞서는 무기이다

연기법은 오온의 원인과 결과인 인과 작용을 분명히 밝히고 설명해 준다. 오온에 관한 지혜를 얻는 것은 수행자에게 있어 필수적인데, 이는 마치 초등학생이 곱셈과 나눗셈을 제대로 익히고자 한다면 2×2＝4와 같은 구구단을 완전히 자기 것으로 습득해야 하는 것과 같다. 진정으로 도와 과를 얻고자 하는 수행자는 이 인과의 법칙을 우선적으로 습득해야 하며, 그렇지 못할 경우 다양한 사견의 마수로부터 벗어날 수가 없다. 또 이들 사견으로부터 자유로워질 수 없다면 작은 수다원^{주해8)}이 되는 것조차 힘들다. 물론 몸과 마음에 대해 명상함으로써 이득을 얻게 되겠지만 결코 도와 과는 얻을 수 없다. 왜냐하면 사견들이 도와 과를 향한 길에 주된 장애물로 자리 잡고 있기 때문이다.

모곡 사야도께서는 연기법의 완전한 이해 없이는 해탈을 향한 첫 번째 단계에도 이를 수 없다고 다음과 같이 분명히 밝히셨다.

"두 부처의 위(位. 부처와 벽지불)에 이른 이를 제외하고는 아무도 혼자만의 힘으로 연기법을 진정으로 이해할 수 없다. 범부들은 마치 엉클어진 실타래와 같은 62가지의 사견에 사로잡혀 불행과 파멸에 이르는 윤회로부터 벗어날 수 없다."

__미얀마와 연기법

예전에는 이 법을 인연품(因緣品)과 대품(大品) 그리고 『아비담마』의 분별론(分別論) 등과 같은 빨리어 원전으로만 접할 수 있었다. 이 법은 『청정도론(淸淨道論)』과 『아비담마』의 분별론 주석서(分別論 註釋書)에서 자세히 다루어졌다. 『청정도론』의 번역은 아와(Ava) 시대 초에 이루어진 반면, 후자는 아마라뿌라(Amarapura) 시대에 와서야 이루어졌다. 이들 경전은 야자수 잎에 기록되어서 일반인이 쉽게 접하기에 힘들었을 뿐만 아니라 빨리어 공부를 하는 비구들을 제외하고는 대부분 이해할 수도 없었기 때문에 사원의 문서 보관소에 마치 붓다의 상징인 양 안치되어 받들어졌다.

오늘날 많은 남녀 불자들이 아침저녁으로 예불할 때에 빨리어로 된 '무명을 원인으로 한 행' 등의 구절을 암송하고 있지만 그 진정한 가치나 법의 의미를 이해하고 있지는 못한 실정이다.

이것이 바로 연기법에 관한 한, 바간(Bagan) 시대 이래로 지금까지 불교국인 미얀마의 실상이다. 물론 여기에도 일부 예외는 있지만 무시해도 좋을 정도이다.

이런 상황에서 일반인들이 쉽게 이해할 수 있는 언어로 설법을 하고 주해서를 써서 연기법을 전면에 부각시킨 이가 바로 대장로 레디 사야도(Maha Thera Ledi Sayadaw)이시다. 그분이 끼친 지대한 영향으로 점차 사람들 사이에 연기법의 중요성과 본질이 인식되기 시작했다. 고(故) 대장로 레디 사야도께서는 50권이 넘는 주해서를 집필하셨는데 대부분의 글에서 연기법을 거론하거나 설명하셨다.

전후 독립 미얀마의 불교 협회 덕분에 빨리(Pali) 경전이 미얀마어로 번역되었고, 이러한 번역작업의 이익은 지대했다. 또 다행히도 수많은 위빠사나 수행센터가 설립되었고, 관심을 갖는 이들의 수도 나날이 늘어만 갔다. 하지만 대부분의 센터가 부분적인 견해를 고수해 자신들에게 익숙한 방법만을 취함으로써 위빠사나의 핵심2)을 놓치는 점이 유감스러운 일이다.

또 더 아쉬운 사실은 이들 수행센터에서, 불교의 가장 중요하고도 핵심적인 두 가지 가르침인 사성제와 연기법이 장막에 가려져 그 가르침을 펴거나 단어를 거론하는 경우조차 없다는 점이다.

---

2) 대상(身, 受, 心, 法)이 일어나고 사라지는 것을 지속적으로 알아차린다.

사견과 의심을 제거하기 위해서는 우선적으로 연기법을 가르쳐야 하고, 도과를 성취하기 위해서는 사성제를 가르쳐야 할 곳에서 그 가르침이 없다는 사실은 실로 애석한 일이다. 유감스럽게도 붓다의 두 가지 핵심적 가르침이 무시되고 있다고 해도 과언이 아닐 것이다.

열심히 배우고자 하는 이를 위해 저자가 한 가지 강조할 것은, 현재 대부분의 수행센터에서 수식관(隨息觀)^{주해9)}의 집중^{주해10)}을 지나치게 강조하는 사마타(Samatha. 禪定)^{주해11)} 수행을 하고 있다는 사실이다.

이들 센터의 수행인들이 수식관의 집중 수행을 순수한 위빠사나 방식으로 올바르게 전환해 가도록 배우지 못하고 있다는 것 또한 몹시 애석한 일이다.

이미 언급한 바와 같이 일반인들 사이에 연기법을 보편화시킨 이는 대장로 레디 사야도이시다. 레디 사야도 이후 대장로 모곡 사야도(Maha Thera Mogok Sayadaw)께서 연기법을 재부각시켰고, 또한 사견을 제거하는 데 있어 이 법이 중요하다는 점을 강조하셨다. 모곡 사야도께서는 직접 도표를 고안하여 연기가 어떻게 진행되어 가는지, 또 그 연결고리는 어떻게 끊어질 수 있는지를 매우 이해하기 쉽게 간략하게 보여주셨다.

대장로 모곡 사야도의 일생은 다음과 같다. 사야도께서는 만달레이(Manadalay)에서 11.3킬로미터 가량 떨어진 아마라뿌라(Amara-pura)의 밍굴라 따익(Mingula Taik) 사원에서 비구들을 대상으로『아비담바(abhidhamma. 論藏)』야간반 강의를 30년 이상 해오셨다. 사야도께서는 어느 날 문득, 자신은 소를 몰고 가면서도 한번도 소에서 짠 우유를 마셔 보지 못한 목동과 같다고 말씀하신 바 있다.

당시 사야도께서는 삼장 중에『아비담마』의 발취론(發趣論)과 쌍론(雙論)을 가르치는 가장 인기 있는 강사로서 비구들 사이에서 많은 존경을 받았으나 일반인들에게는 거의 알려지지 않았다.

사야도께서는 이후 밍군(Mingun)으로 가서 제2차 세계대전이 터지기 전까지 그곳에 머물며 위빠사나 수행을 열심히 하셨다. 모곡(Mogok)의 주민들은 사야도께서 모곡에 상주하시기를 원했지만 사야도께서는 추운 계절에는 아마라뿌라에서 지내고 여름에는 모곡으로 다시 돌아오곤 하셨다.

사야도께서는 전후에는 아마라뿌라와 모곡에서, 그리고 만년에는 만달레이에서 위빠사나 강의를 계속하셨다. 그분은 세간의 명성을 멀리하고 신도들의 수를 늘리고자 애쓰지 않으셨다. 단한 번 양곤(미얀마 수도)을 방문하셨으며, 방문 3개월 후 아마라뿌라에서 입적하셨다. 사야도는 아라한으로 믿어졌으며, 입적 후

다비에서 나온 사리의 모습을 통해 그것이 증명되었다.[3] 장례행
사는 근래 백 년 동안 비견할 바 없이 화려하고 장엄하게 치러졌
다. 사야도의 입적은 큰 손실이었다.

사야도께서 도입하고 가르치신 방법은 엄밀한 의미의 사념처(四
念處. Satipaṭṭhāna)와 수많은 경(經), 『상윳따니까야(Saṁyutta-Nikāya)』와 『앙
굿따라니까야(Aṅguttara-Nikāya)』와 사성제(四聖諦)의 가르침과 조금의
모순됨이 없다. 그분은 가르침을 폈을 뿐만 아니라 과거로부터 내
려온 깊게 뿌리박힌 그릇된 관념과 생각을 바로잡고 개조하는 역
할까지 하셨다.

염처경의 사성제부(四聖諦部)를 포함한 모든 장(章)에는 아래와
같은 위빠사나의 핵심이 거론되고 있다.

"수행자는 현상의 일어남과 사라짐을 지속적으로 알아차려야
한다."

이것이 바로 위빠사나이며 이것이 지켜지지 않는다면 위빠사
나라고 할 수 없다. 이는 위빠사나의 가장 중요하고도 핵심적인
부분이며 정수이다. 현재는 사념처의 이 부분이 거의 간과되고

---

3) 다비 시 불탄 뼈는 다양한 크기의 하얗고 둥근 구형의 사리로 바뀌었다. 놀랍게
   도 양쪽 눈의 눈동자가 화염 속에서도 손상되지 않고 온전히 남아 있었다.

있으며, 애석하게도 모든 센터에서 무시되고 있다.

수식관은 어린아이들조차 알고 있을 정도로 매우 잘 알려진 수행법이며, 다음으로 행주좌와(行住坐臥)가 알려져 있다. 그러나 수행자 중에서도 많은 이들이 사마타와 위빠사나를 구별하지 못하고 있다.

수식관이나 행주좌와의 수행을 할 때 알아차림이 있더라도 일어남과 사라짐을 알기 전에는, 즉 달리 말하여 수행자가 수관(隨觀. Anupassana)^{주해12)}을 닦고 있지 않다면 이는 여전히 사마타일 뿐이고 위빠사나가 아니다. 수행자가 지혜를 가지고 매분, 매초 오온의 일어남과 사라짐의 본성을 보려고 애쓸 때만이 진정으로 위빠사나 수행을 하고 있다고 말할 수 있다.

발생(發生)과 소멸(消滅) 혹은 일어남과 사라짐, 즉 생멸(生滅)은 붓다께서 가르친 수관의 핵심임에도 불구하고 이 생멸이라는 핵심은 알아차림의 압도적인 인기와, 날숨과 들숨에 대한 강조에 의해 상당부분 불분명해져 버렸다.

대장로께서는 생애 후반에 이르러 붓다께서 가르친 진정하고 순수한 위빠사나의 길로 재가자들을 인도하려고 애쓰셨다.

사실상 위대한 스승이신 붓다의 고귀한 가르침이 탄트라(Tantric),

만트라(Mantric), 신비주의(Mysticism), 정령설(Animism. 목석 따위에도 생물과 같이 영혼이 있다고 하는 설), 브라마니즘(Brahmanism. 고대 인도의 경전인 『베다』에 중심을 둔 바라문교) 등의 수많은 주의 주장들의 영향을 받게 된 바와 같이 미얀마의 불교 또한 미얀마화된 불교라고 말할 수 있다. 왜냐하면 많은 미얀마 불자들이 일상에서는 상견(常見)의 소용돌이에 빠져 있고, 수행에서는 바르고 순수한 위빠사나와는 거리가 먼 수식관에 집중함으로써 반쯤은 길을 헤매고 있기 때문이다.

고(故) 대장로 모곡 사야도의 목표는 이러한 비불교적인 관점을 바로잡고 개혁하여 잘못된 견해와 잘못된 의도를 가지고 행해지는 보시4) 등을 지적하고 올바른 수행을 하고자 하는 이들에게 가장 이로운 것들을 알려주는 것에 있었다.

수행자에게 있어 무엇보다도 중요한 것은 위빠사나 수행을 시작하기 전에 냐따 빠린냐(知遍知)5) 과정을 통해 유신견, 상견, 단

---

4) 잘못된 의도를 가지고 행해지는 보시 : 이 부분은 선업인 보시와 지계 등이 다음 생에서 보다 높은 지위(천상의 왕 등)를 얻기 위한 의도를 가지고 행해짐을 의미한다.
5) 냐따 빠린냐[知遍知. Ñāta Pariññā]는 반드시 띠란나 빠린냐[度遍知. Tiraṇa Pariññā] 앞에 온다. 즉 위빠사나 수행에 있어서 첫 번째 단계는 반드시 첫 번째에 나타나고, 그다음에야 두 번째 단계가 나타난다. 이는 수행하고자 하는 이는 오온과 입처, 사성제와 연기법 등을 상당 부분 이해하고 그의 견해가 (믿을 만한 위빠사나 스승으로부터 가르침을 받아) 어느 정도 바람직하지 못한 견해로부터 자

견 등의 사견에서 벗어나는 일이다. 이는 연기법을 배움으로써
가능하게 된다.

무상수관(無常隨觀. Aniccanupassana)으로 전환시키지 못하고 단순
히 들이쉬고 내쉬는 연습만 되풀이한다면 순차적으로 진리를 아
는 지혜[諦隨順智. Saccānulomika Ñāṇa]조차도 얻을 수 없다. 마찬가
지로 몸과 마음에서 생멸을 보지 못하고 그 움직임만 지켜본다면
그것은 한낱 상(想. Saññā)에 불과할 뿐이다.

대장로 모곡 사야도께서는 일어남과 사라짐[無常, 苦, 無我]을 매

유로워지고 나서 실수행을 하여야 한다는 뜻이다.
사견의 제거는 세 단계로 이루어진다. 첫 단계는 믿을 만한 스승의 가르침을
듣는 것이다. 이것이 냐따 빠린냐[知遍知. Ñāta Pariññā]이다. 둘째 단계는 실
수행에 들어감이다. 이것이 띠란나 빠린냐[度遍知. Tiraṇa Pariññā]이다. 다음으
로 마지막 단계는 완전히 뿌리 뽑음이다. 이것이 빠아나 빠린냐[斷遍知. Pahāna
Pariññā]이다. 이것은 번뇌를 끊어 버림에 대한 완전한 지혜이다. 다시 빠아나
빠린냐는 확실히 버림(Tadaṅga Pahāna)과, 누름에 의한 버림(Vikkhambhana Pahāna)
과, 속박의 단절에 의한 버림(Samuccheda Pahāna)이 있다.
(1) 냐따 빠린냐[知遍知. Ñāta Pariññā] : 알아야 할 것을 완전하게 아는 것을
    말한다.
(2) 띠란나 빠린냐[度遍知. Tiraṇa Pariññā] : 건너야 할 것을 완전하게 아는 것
    을 말한다. 이것은 완전한 지혜의 측정을 의미한다.
(3) 빠아나 빠린냐[斷遍知. Pahāna Pariññā] : 번뇌를 끊어버리는 것에 대한 완
    전한 지혜를 말한다.

우 강조하셨다. 명상 수행이 오온의 일어남과 사라짐에 집중되어 있을 때라야 백 퍼센트 온전한 위빠사나라고 할 수 있다. 그러므로 일어남과 사라짐에 대한 알아차림이 없을 때에는 백 퍼센트 온전한 위빠사나 수행이라고 말할 수 없다.

사념처를 언급하면서 설명했듯이 생멸을 보지 않고서는 불완전하고 미숙할 뿐이다.

모곡 위빠사나 보급회에서는 두 가지의 주요 가르침인 사성제와 연기법을 활성화시키고 널리 알리는 것을 목적으로 하고 있다.

끝맺음을 하기에 앞서 초벌 원고를 읽고 최종 교정까지 봐주신 존경하는 아가마하빤디따$^{주해13)}$ 우 티띨라 사야도께 감사의 말씀을 올리고자 한다. 사실상 사야도께서 원톤과 최종 교정본을 봐주신 덕분에 빨리어의 영어 철자를 실수 없이 기재할 수 있었고, 현대 영어의 국제 상용 기준에 맞출 수 있었다.

1967년 9월 11일
미얀마 양곤
우 탄 다잉(U Than Daing)
모곡 의빠사나 보급회 회장

<주해 1> 사성제(四聖諦. Catu Ariya Sacca) : 네 가지 성스러운 진리인 고집멸도(苦集滅道)를 말한다. 사성제는 성인(聖人. Ariya)이 되어야만 비로소 알 수 있는 진리이다. 빨리어 사짜(Sacca)는 진리를 말하는 것으로, 있는 그대로의 상태를 의미한다.

    (1) 고(苦. Dukkha) : 괴로움이 있다는 것으로 불만족, 참기 어려운 것 등의 의미가 있다.

    (2) 집(集. Samudaya) : 고의 발생 원인은 갈애로 인한 집착이다.

    (3) 멸(滅. Nirodha) : 고의 소멸을 말하며, 고는 닙바나(열반)에 의해서 소멸된다.

    (4) 도(道. Magga) : 고의 소멸에 이르는 길인 팔정도를 말한다.

<주해 2> 수다원, 사다함, 아나함, 아라한 : 성인(聖人. Ariya)이 된 네 가지 위(位)를 말한다.

    (1) 수다원(須陀洹. Sotāpatti) : 도(道)의 흐름에 든 것으로 예류과(預流果)에 이른 것을 말한다. 수다원이 되면 일곱 생 이내에 아라한이 된다.

    (2) 사다함(斯多含. Sakadāgāmi) : 한 번 더 생을 받아 태어나므로 일래과(一來果)라고 한다. 인간으로 다시 한 번 태어나서 수행을 하여 아라한이 된다.

    (3) 아나함(阿那含. Anāgāmi) : 인간으로 태어나지 않고 천상의 정거천에 태어난 뒤에 아라한이 된다. 돌아오지 않으므로 불환과(不還果)라고 한다.

    (4) 아라한(阿羅漢. Arahatta) : 모든 번뇌가 소멸되어 공양을 받을 자격이 있는 분으로 응공(應供)이라고 한다. 윤회가 끝난다.

<주해 3> 도(道. Magga)와 과(果. Phala) : 성인의 4위(四位)에 오르기 위해서는 각 단

계에서 도와 과의 과정을 거친다. 도(道)는 지향하는 것을 말하며, 과(果)는 결과에 이른 것을 말한다. 도와 과는 성인의 4도(四道)와 4과(四果)가 있다.

(1) 수다원의 도(道)와 과(果)

(2) 사다함의 도(道)와 과(果)

(3) 아나함의 도(道)와 과(果)

(4) 아라한의 도(道)와 과(果)

이상의 4위와 8가지 도와 과를 사쌍팔배(四雙八輩)라고 한다.

<주해 4> 위빠시 보살(Vipassi Bodhisatta) : 빨리어 보디사따(Bodhisatta)는 깨달음을 구하는 자를 말하며 이를 보살(菩薩)이라고 한다. 그러므로 보살은 부처가 되기 위해 바라밀을 쌓는 구도자를 말한다. 위빠시 보살(Vipassi Bodhisatta)은 4부(四部) 니까야(部集. Nikāya)에서 나타나는 일곱 분의 붓다 중에서 처음 부처가 되신 위빠시 붓다(Vipassi Buddha)의 건신이시다. 일곱 분의 부처님(七佛)께서는 모두 12연기와 사성제의 깨달음을 얻어 부처가 되셨다. 일곱 분의 부처님 모두 사념처 위빠사나 수행을 통하여 도과에 이르셨다.

<주해 5> 고따마 붓다(Gotama Buddha) : 고따마 붓다의 성은 사끼야(釋迦. Sākiya)이고, 이름은 싯닷타(Siddhattha)이다. 고따마(Gotama)는 사끼야족의 남자를 부를 때 사용하며, 여자는 고따미(Gotami)로 부른다. 싯닷타는 모든 것이 뜻대로 이루어진다는 뜻이다. 석가모니(釋迦牟尼)는 석가족 출신에 대한 부처님의 다른 이름이다. 부처님의 말씀이 기록된 4부 니까야에서는 붓다가 일곱 분(七佛)으로 기록되어 있다. 이 칠불 중에 마지막 붓다가 고따마 붓다이시다. 그러나 소부아함(小部阿含) 중의 하나인 『붓다왐사(佛種姓經. Buddhavaṁsa)』에서는 전체 부처가 스물다섯 분이다. 이분들 중 마지막 일곱 분의 붓다가 칠불이시다. 25불의 이름은 다음과 같다.

1 Dīpṅkarabuddhavaṁso   2. Koṅḍaññabuddhavaṁso

3. Maṅgalabuddhavaṁso   4. Sumanabuddhavaṁso

5. Revatabuddhavaṁso   6. Sobhitabuddhavaṁso

7. Anomadassibuddhavaṁso   8. Padumabuddhavaṁso

9. Nāradabuddhavaṁso	10. Padumuttarabuddhavaṁso
11. Sumedhabuddhavaṁso	12. Sujātabuddhavaṁso
13. Piyadassibuddhavaṁso	14. Atthadassibuddhavaṁso
15. Dhammadassibuddhavaṁso	16. Siddhatthabuddhavaṁso
17. Tissabuddhavaṁso	18. Phussabuddhavaṁso
19. Vipassibuddhavaṁso	20. Sikhiibuddhavaṁso
21. Vessabhūbuddhavaṁso	22. Kakusandhabuddhavaṁso
23. Koṇāgamanabuddhavaṁso	24. Kassapabuddhavaṁso
25. Gotamabuddhavaṁso	

<주해 6> 사견(邪見. Diṭṭhi) : 사견(邪見)은 잘못된 견해, 삿된 견해를 말한다. 본문에서는 사견을 다음 네 가지로 말하고 있다.

(1) 유신견(有身見. Sakkāya-Diṭṭhi) : 유신견은 개아(個我)라고 하는 내가 있다는 잘못된 견해이다. 그러므로 인상, 아상, 중생상, 수자상이라는 견해는 청정하지 못한 견해에 속한다. 우리가 나라고 알고 있는 자아는 조건 지어진 정신과 물질이다.

(2) 상견(常見. Sassata-Diṭṭhi) : 존재에 대한 갈애로서 자아라는 실체 또는 영혼이 지속적으로 존재한다는 믿음이다. 영혼은 영원하다는 견해다.

(3) 단견(斷見. Uccheda-Diṭṭhi) : 비존재에 대한 갈애로서 죽으면 모든 것이 소멸한다는 믿음이다. 그러므로 삶이 끝나기를 갈망한다.

(4) 무인론(無因論. Ahetuka Diṭṭhi) : 원인과 결과가 없다는 견해. 조건 지어진 것을 인정하지 않는 믿음이다.

<주해 7> 수가띠(Sugati. 善趣) : 네 가지 사견이 제거되면 행복한 상태에 이른다. 이를 선취(善趣) 또는 선도(善道)라고 하는데, 앞으로 일곱 생의 윤회만 남은 행복한 단계이다. 선취는 천(天)과 인(人)을 의미하며, 일곱 생 동안 사람이나 천상에 태어나고 사악도에는 태어나지 않는 것을 말한다.

<주해 8> 작은 수다원(Cūḷa Sotāpanna) : 빨리어 쭐라(Cūḷa)는 '작은'이라는 말로 작은 수다원은 아직 수다원에 이르지는 않았지만 수다원의 도과에 이르는 지혜

를 얻은 사람을 말한다. 수행자가 네 가지 사견이 제거되고 나서 원인과 결과를 아는 지혜가 성숙되면 작은 수다원이라고 부른다. 원인과 결과를 아는 것은 12연기법을 아는 것으로 인과에 대한 통찰력이 생기게 된 것을 말한다.

<주해 9> 수식관(隨息觀. Āanāpānasati) : 코의 들숨과 날숨의 호흡을 주시하는 수행 방법이다.

『대념처경』에 기록된 수식관은 사마타 수행에 속한다. 그러나 같은 호흡이라도 알아차리는 방법에 따라 사마타 수행이 될 수도 있고, 위빠사나 수행이 될 수도 있다.

신념처 수행을 할 때는 먼저 몸의 호흡을 대상으로 알아차림을 한다. 이 때 가장 기본이 되는 대상이 코의 호흡이다. 그러나 지도자에 따라 호흡을 알아차리는 위치가 다를 수 있다. 그러므로 호흡의 위치는 방법상의 문제일 뿐 중요한 것은 아니다. 마하시 센터 방식은 배의 움직임을 선호하며 쉐우민 센터에서는 호흡의 위치가 자유로우며 코나 가슴, 배 등 느껴지는 곳에서 알아차린다. 그러나 마음으로 알아차리는 수행을 할 때는 전면에서 호흡을 알아차리므로 몸의 특정한 위치에서 벗어나게 된다. 현재 미얀마에서 사마타 수행을 하는 곳에서는 일정기간 코의 호흡을 대상으로 수행을 하고 나서 위빠사나로 전환하고 있다.

<주해 10> 집중[定. 三昧. Samādhi] : 집중을 사마디(Samādhi)라고 한다. 또는 삼매라고도 한다. 사마디는 청정한 마음에 의한 집중을 말한다. 그러므로 집중이 되기 위해서는 먼저 고요함이 있어야 하고, 이어 마음이 청정해진 뒤에 대상에 조용하게 머무는 것을 말한다. 수행에서 집중의 의미는 매우 크다. 팔정도인 계정혜 3학에서 계율을 지켜 대상을 알아차리면 정(定)이 생기고 다시 지혜로 발전한다. 이때의 정이 바로 집중을 의미한다. 그래서 집중은 지혜의 과정으로 나아가기 위한 수행의 일차적인 목표가 되기도 한다.

집중에는 세 가지가 있다

(1) 근본정(根本定. Appanā Samādhi) : 근본삼매, 안지정(安止定)이라고도 한다.

(2) 근행정(近行定. Upacāra Samādhi) : 근접삼매, 근행에 대한 집중이라고도 한다.

(3) 찰나정(刹那定. Khaṇika Samādhi) : 찰나삼매, 순간적 삼매라고도 한다.

사마타 수행에서는 근접삼매로 시작하여 근본삼매로 가고, 위빠사나 수행에서는 찰나삼매를 한다.

<주해 11> 사마타(Samatha. 禪定) : 사마타는 위빠사나와 함께 수행을 양분하는 수행방법의 하나이다. 이 두 가지 수행방법은 동전의 양면처럼 상호 관계가 깊다. 사마타(Samatha)의 뜻은 평온, 멈춤(止), 적지(寂止)라고도 하는데 고요함에 머무는 것을 말한다. 사마타 방법으로 하는 수행을 선정(禪定)이라고 한다. 붓다가 위빠사나로 깨달음을 얻으시기 전에 수행자가 할 수 있는 수행방법은 사마타밖에 없었다.

사마타 수행에서는 근접삼매를 거쳐 근본삼매를 사용하며, 고요함에 머무는 것을 특징으로 한다. 이러한 사마타 수행은『청정도론』에서 40가지의 수행방법을 제시하고 있다. 사마타는 위빠사나와 함께 깨달음을 얻는 과정에서 필요한 수행방법이다.

사마타는 고요한 마음의 상태를 말하며, 위빠사나는 지혜를 얻는 수행이다. 이 두 가지 수행방법을 활용하여 깨달음의 길로 나아가기도 한다. 그러나 순수 위빠사나에서는 사마타를 사용하지 않고 위빠사나만으로 수행을 한다.

사마타 수행의 대상은 고유한 특성이 없는 관념을 대상으로 하며, 위빠사나 수행은 몸과 마음의 실재하는 고유한 특성을 대상으로 한다. 사마타에서 생기는 집중력을 '사마디 마음'이라고 하며, 이때 생기는 지혜를 '사마디 지혜'라고 한다. 또 사마타로 생기는 알아차림을 '사마디 알아차림'이라고 한다. 위빠사나에서는 알아차림으로 지혜를 얻는데, 이것을 '위빠사나 지혜'라고 말한다.

<주해 12> 수관(隨觀. Anupassanā) : 빨리어 아누빠싸나(Anupassanā)는 응시, 관찰, 수관을 말한다. 이때 수관(隨觀)은 뒤따라가며 알아차린다는 의미가 아니고 지속적으로 알아차리는 것, 또는 계속해서 알아차리는 것, 반복적으로 알

아차리는 것이란 의미를 가진다. 한문에서 말하는 수관을 잘못 이해할 경우에는 대상이 일어나고 뒤따라서 이것을 알아차리는 것으로 이해할 수 있다. 그러나 대상의 일어남과 알아차림은 한순간에 동시에 이루어져야 한다. 그러므로 아누빠싸나는 대상을 계속해서 알아차리는 것을 말한다.

<주해 13> 아가마하빤디따(Aggamahāpandita) : 큰 스승에게 드리는 호칭. 최고의 현자에게 올리는 존칭.

제1장

연기(緣起)란 무엇인가

연기(緣起)를 빨리어^{주해1)}로 빠띠짜사무빠다(Paṭiccasamuppāda)라고 하는데, 이는 세 가지 단어의 합성어이다. 빠띠짜(Paṭicca)는 '~로 인하여', '~을 원인으로 하여'이며, 삼(Sam)은 '잘(well)'을, 우빠다 (Uppāda)는 '발생'이란 의미이다. 즉, 원인에 의존하여 결과가 일어난다는 뜻이다. 영어로는 이것을 의존적 발생의 법칙(Law of Dependent Origination) 혹은 윤회^{주해2)}의 법칙이라고 한다.

연기법 안에 있는 12개의 연결고리(Link)는 끝없는 윤회의 사슬 속에 하나의 현상에서 또 다른 현상으로 의식체(sentient being)가 일어나는 과정을 보여준다.

연기가 무명(無明. Avijjā)^{주해3)}에서부터 시작될지라도 무명이 존재의 시원은 아니라는 점을 알아야 한다. 와냐하면 윤회는 시작을 알 수 없는 것이기 때문이다. 윤회를 거듭하는 존재의 시원은 무명에 가려져 찾을 수가 없다. 연기는 재생의 순환을 가르쳐주며, 원인은 원인이자 한편으로 결과라는 사실, 즉 보다 정확히 말하자면 이 시공의 우주 속에서 원인은 결과가 되고 그 결과는 다시 원인이 된다는 사실을 가르친다.

12개의 연결고리는 다음과 같다.

1. 무명(無明. Avijjā)을 원인으로 하여 행(行. 업의 형성. Saṅkhāra)^{주해4)}이 일어난다.

2. 행을 원인으로 하여 식(識. 재생연결식. Viññāṇa)이 일어난다.

3. 식을 원인으로 하여 명색(名色. 정신과 물질. Nāmarūpa)이 일어난다.

4. 명색을 원인으로 하여 육입(六入. 六根. 六處. Saḷāyatana)이 일어난다.

5. 육입을 원인으로 하여 촉(觸. 접촉. Phassa)이 일어난다.

6. 촉을 원인으로 하여 수(受. 감각. Vedanā)가 일어난다.

7. 수를 원인으로 하여 갈애(渴愛. 愛. Taṇhā)가 일어난다.

8. 갈애를 원인으로 하여 집착(執着. 取. Upādāna)이 일어난다.

9. 집착을 원인으로 하여 업의 생성(業의 生成. 業有. Kamma bhava)^{주해5)}이 일어난다.

10. 업의 생성을 원인으로 하여 생(生. 태어남. Jāti)^{주해6)}이 일어난다.

11. 생을 원인으로 하여 노사(老死. Jarāmarana)가 일어난다.

이로 인하여 슬픔[愁. Soka], 비탄[悲. Parideya], 육체적 괴로움[苦. Dukkha], 정신적 괴로움[憂. Domanassa], 고뇌[惱. Upāyāsa]가 일어난다.

수행자는 12연기를 외워야 한다. 아직 암기하지 못한 이들은 가능한 한 빨리 외워야 한다. 왜냐하면 이것이 연기법의 의미를 이해하는 데 상당한 도움을 주기 때문이다. 또 어떤 이들은 예불을 드릴 때 연기를 암송하기도 한다. 자신의 선택에 따라 그렇게 하는 것도 좋지만 연기법의 요지와 의미를 알지 못한 채 단순히 암송하는 것만으로는 사악도에 떨어지는 원인이 되는 모든 종류의 사견(邪見)을 제거할 수 없다.

연기법은 바로 자기 자신, 즉 자신의 온(蘊. Khandha)^{주해7)}으로, 이는 정신과 물질현상이며 또 그 이상의 의미가 있음을 명심해야 한다.

연기는 소위 나라고 불리는 인과적 연속체인 정신과 물질이 일어났다 사라지는 과정이다. 달리 말하자면, 끝없이 반복되는 슬픔과 괴로움의 연속이다.

실제로 연기는 그 자체로 법(法. dhamma), 즉 오온이 일어나고 사라지는 순환의 질서이다. 하나의 현상이 사라져 새로운 현상이 나타나는 과정의 끝없는 연속이다. 일어나고 사라지는 이러한 현상을 연기 또는 연생(緣生. paṭccasamuppanna)^{주해8)}이라 하며, 그 작용은 어떠한 창조주나 신이라고 할지라도 시작하거나 멈출 수가 없다. 이러한 작용이 연기의 재연결이다. 도과(道果)는 연기의 연결고리를 부술 수 있는 유일한 법이며, 더 이상 재연결이 없을 때 이를 열반(涅槃. Nibbāna)이라 부른다.

이 과정은 오로지 오온인 정신과 물질의 일어나고 사라짐일 뿐이다. 이러한 인과법의 과정에 있어 나, 나의 것, 자신 혹은 자아라고 여길 만한 것은 아무것도 없다. 오로지 오온, 정신과 물질, 처(處. Āayatana)^{주해9)} 영역, 자리, 6내처, 6외처 혹은 인지작용의 일어남과 사라짐이 있을 뿐이다.

연기법을 요약하면 다음과 같다.

1. 세속적 진리[俗諦. Sammuti sacca]^{주해10)}에서는 일반적으로 인간, 사람, 존재 등으로 알고 있고 또 그렇게 부르고 있다. 그러나 궁극적 진리에 있어서는 인간, 사람, 존재라고 불릴 만한 것이 없다. 다만 무명과 갈애가 윤회의 시작이라고 하는 법으로 거슬러 올라갈 뿐이다. 연기법은 무명과 갈애가 윤회의 시작임을 보여주고 있다. 그러나 이것을 인간 또는 인습의 시초 혹은 제1원인이라고 여겨서는 안 된다.

2. 연기는 세속의 진리로서 남자, 여자 등으로 알고 있는 소위 지각(知覺)이 있는 존재의 오온이 연속적으르 끝없이 일어나고 사라지는 과정을 보여준다.

3. 궁극적 진리[眞諦. Paramattha sacca]^{주해11)}에서는 남자, 여자 혹은 존재라고 부를 만한 것이 실제로 없다는 사실을 분명히 알아야 한다. 이 법은 "이것이 존재하면 저것이 존재한다. 이것의 일어남으로 저것이 일어난다. 이것이 존재하지 않으므로 저것이 존재하지 않는다"^{주해12)}는 것을 보여준다.

4. 행(行. 業의 形成)과 식(識. 意識) 그리고 업의 생성(業의 生成. 業有)과 생(生) 사이를 잇는 연결고리를 보여준다.

5. 연기법에서는 태어남, 늙음, 병듦 그리고 죽음의 끝없는 순환을 보여준다. 즉 열매를 맺고, 열매가 다시 씨앗이 되고, 씨앗이 또 열매를 맺는 동일한 과정이 끝없이 반복되는 나무와 같이 재생, 병듦, 늙음, 죽음이 끝없이 반복되고 있다.

6. 일어나고 사라지는 것은 슬픔과 고통이 연속되는 과정일 뿐임을 보여준다.

7. 이것은 마치 한 무더기의 불과 연료와 같아서 연료가 들어

가면 불꽃이 일어난다. 연료가 다시 들어가면 불은 계속하여 타올라 끝없이 지속된다.

8. 성제(聖諦)로 보면 집제(集諦. Samudaya-sacca)와 고제(苦諦. Dukkha-sacca)가 끝없이 반복되고 있다.

9. 끝없이 반복되는 세 가지의 굴레(Vatta)^{주해13)}가 있다. 즉, 번뇌의 굴레(Kilesa vatta), 업의 굴레(Kamma vatta) 그리고 과보의 굴레(Vipāka vatta)이다. 번뇌의 굴레로 인하여 업의 굴레가 일어나며 업의 굴레로 인하여 과보의 굴레가 일어난다.

10. 과거, 현재, 미래라는 시간과 공간의 순환적인 질서가 있을 뿐이다. 현재는 미래의 과거가 되며 미래는 다시 현재가 된다는 것은 분명한 사실이다. 이리하여 윤회의 과정은 끝없이 지속된다.

주해(註解)

<주해 1> 빨리어(Pāli語) : 빨리어는 붓다 시대에 인도 마-가다국의 서민들이 사용하는 언어로 알려져 있다. 붓다께서는 빨리어로 전법을 펴셨으며, 제자들에게도 빨리어를 사용할 것을 권하셨다. 그 시대에 귀족들이 사용하는 언어인 산스크리트어(Sanskrit. 梵語)는 문자가 있었으나 빨리어는 문자가 없이 구전으로 전해진다. 현재 전해지는 빨리어 경전은 각 국에서 자국어로 기록한 것이다.

<주해 2> 윤회(輪廻. Saṃsāra) : 윤회는 원인과 결과에 의한 순환·유전(流轉)·생사(生死)·상속·흐름·지속을 뜻한다. 윤회는 두 가지가 있는데, 일생의 윤회가 있고 매순간 흐름이 지속되는 윤회가 있다.

<주해 3> 무명(無明. Avijjā) : 무명은 무지를 뜻하는 말로 모른다는 것이다. 무명을 조건 짓는 원인은 다음과 같은 여덟 가지를 모르는 것이다.

첫째, 사성제의 고(苦)를 모르는 것으로, 괴로움 또는 불만족이 있다는 것을 모르는 것이다.

둘째, 사성제의 집(集)을 모르는 것으로, 괴로움의 원인이 집착이라는 것을 모르는 것이다.

셋째, 사성제의 멸(滅)을 모르는 것으로, 괴로움의 소멸인 열반을 모르는 것이다.

넷째, 도(道)를 모르는 것으로, 괴로움을 소멸하기 위한 길인 팔정도를 모르는 것을 말한다.

다섯째, 출생 이전의 과거 생을 모르는 것이다.

여섯째, 죽음 이후의 미래 생을 모르는 것이다.

일곱째, 과거와 미래를 같이 모르는 것이다.

여덟째, 12연기의 바른 성품을 모르는 것이다. 12연기를 모르는 것은 원인과 결과를 모르고 원인과 결과로 인한 과보를 모르는 것이다.

<주해 4> 행(行. Saṅkhāra) : 형성력, 의도, 조건 지어진 행위 등을 통틀어서 사용하는 말이다. 12연기에서 행(行)은 과거에 형성된 업을 말한다.

<주해 5> 업의 생성(業의 生成. Kamma bhava) : 업의 생성은 유(有) 또는 업유(業有), 업을 통한 존재 등으로 불린다. 여기에서는 모곡 사야도께서 만드신 12연기 도표에 준하여 표기하므로 유(有)라고 하지 않고 업의 생성으로 표기한다. 12연기에서 말하는 업의 생성은 현재의 생각과 말과 행위로 이루어지는 신구의(身口意) 3업(三業)을 말한다. 그러므로 행(行)은 이미 과거에 형성된 업이고, 업의 생성은 현재 새로 만들어지는 업을 의미한다. 12연기에서 업은 두 가지가 있는데, 행(行)이라고 하는 과거에 형성된 업과 유(有)라고 하는 현재 새로 생성된 업이 있다.

또 유(有. bhava)는 두 가지가 있다. 하나는 새로운 업을 생성하는 유(有. 業有. 業의 生成. Kamma bhava)가 있는데, 이는 앞서 밝힌 것처럼 신구의 3업을 의미한다. 다른 하나는 기유(起有. 生有. upapattibhava)가 있는데, 태(胎)에 들어가는 순간의 존재이다.

유는 업이 생성되는 과정이고, 기유는 생성된 업으로 인해 태어남의 원인이 되는 오온을 조건 짓는다. 그래서 유는 원인이고, 기유는 결과가 되어 다음 단계의 태어남이 있다.

<주해 6> 생(生. Jāti) : 태어남을 의미한다. 태어남에는 두 가지가 있는데, 한 일생의 태어남이 있고, 매순간의 마음이나 행위들이 연속되는 태어남이 있다. 한 일생이 시작되는 태어남에는 태(胎)에 들어가는 존재인 기유(起有)가 있고, 다시 이것을 원인으로 한 오온의 태어남[生]이 있다.

<주해 7> 온(蘊. Khandha) : 빨리어 칸다(Khandha)는 무더기, 덩어리, 모임 등을 말하며, 한문으로는 온(蘊), 음(陰)으로 사용하기도 하고 오온(五蘊)이라고 말하

기도 한다. 오온은 색(色. Rūpa)·수(受. Vecanā)·상(想. Saññā)·행(行. Saṅkhārā)·식(識. Viññaṇa)을 말하며 이것들은 다시 하나하나가 무더기로 모여서 무리를 이루기 때문에 온(蘊)이라고 한다.

12연기에서 네 부분으로 나눌 때 과거의 원인으로 인해 현재의 결과가 있는데, 이때 과거는 무명과 행이고 현재의 결과는 차례대로 식·명색·육입·촉·수라는 다섯 가지 결과로 이어진다 연기법에서는 이때의 다섯 가지를 오온(五蘊)이라고 말한다.

<주해 8> 연생(緣生. Paticcasamuppanna) : 연기(緣起)는 원인이 되는 법이고, 연생(緣生)은 원인에 의해 발생된 결과의 법이다. 무명은 행의 연기이며 행은 무명에 의해 발생된 연생이다. 행은 식의 연기이며 식은 행에 의해 발생된 연생이다. 이처럼 원인과 결과의 법을 연기와 연생이라고 한다.

<주해 9> 처(處. Āyatana) : 빨리어 아야따나(Āyatana)는 영역, 자리, 처(處) 또는 입처(入處)라고도 한다. 사람은 정신과 물질이란 오온으로 구성되어 있는데, 이것은 다시 여섯 가지 감각기관을 가지고 있다. 이것을 육처(六處), 육근(六根), 육입(六入)이라고 다양하게 부른다. 여섯 가지 감각기관 또는 감각 영역은 안(眼)·이(耳)·비(鼻)·설(舌)·신(身)·의(意)를 말한다.

<주해 10> 세속적 진리[俗諦. Sammuti Sacca] : 진리를 두 가지로 분류하는데 세속적 진리와 궁극적 진리로 구별한다. 세속적 진리를 빨리어로 빤냐띠(Paññatti. 개념)라고 말한다. 빤냐띠는 개념적인 진리를 말하는 것으로 표명(表名), 명칭, 서술, 가정 또는 실재하지 않는 것의 방편적 설정이라는 뜻으로 시설(施設)이라고 부르기도 한다. 속제는 인간, 사람, 남자, 여자 등등의 개념적 명칭으로 사마타 수행의 대상이 된다. 예를 들ㅈ면 인간이란 표현은 몸과 마음의 실재하는 현상을 부르기 위한 명칭으로 관념적 진리라고 한다.

<주해 11> 궁극적 진리[眞諦. Paramattha Sacca] : 명칭, 개념이 아닌 실재하는 진리를 말한다. 궁극적 진리를 빠라마타 담마(Paramattha Dhamma)라고 하는데 최승의법(最勝義法), 최상의법(最上義法), 최고의 의미를 가진 법을 말한다.

궁극적 진리는 마음·마음의 작용·물질·열반이라고 하는 네 가지가 있다. 예를 들자면 사람의 손은 명칭으로 모양, 개념으로 세속적 진리라 불리며 손의 따뜻함, 축축함, 무거움, 진동 등등 실재하는 현상과 원인과 결과라는 조건 지어진 모든 것은 궁극적 진리라고 불린다. 궁극적 진리는 위빠사나 수행의 대상이 된다.

<주해 12>

이것이 존재하면 저것이 존재하고,

이것이 일어나면 저것이 일어난다.

이것이 없으면 저것이 없고,

이것이 소멸하면 저것이 소멸한다.

12연기는 이상과 같은 순관이 있고, 역으로 보는 역관이 있다.

<주해 13> 굴레(循環. Vaṭṭa) : 굴레를 빨리어로 와따(Vaṭṭa)라고 하는데 순환하는 일주의, 원, 전개, 윤회 또는 상속법(相續法)을 말한다.

제2장

부분, 연결, 요소와 시간

이 장 전체에서는 도표를 참조하기 바란다.

1. 정중앙에 있는 무명과 갈애는 뿌리(근본 원인)로 불린다.

2. 두 가지의 성제인 집제와 고제가 있다 연기는 굴레에 대한 논의이기 때문에 다른 두 가지의 성제인 도제와 멸제는 무명에 가려져 있다.

3. 네 가지의 부분들이 있다.
   (1) 과거 원인의 연속
   (2) 현재 결과의 연속
   (3) 현재 및 미래 원인의 연속
   (4) 미래 결과의 연속

4. 스무 가지의 요소^{주해1)}가 있다.

   (1) 과거 원인의 요소 : 무명, 행, 갈애, 집착, 업의 생성

   (2) 현재 결과의 요소 : 식, 명색, 육입, 촉, 수

   (3) 현재, 미래 원인의 요소 : 갈애, 집착, 업의 생성, 무명, 행

   (4) 미래 결과의 요소 : 식, 명색, 육입, 촉, 수

5. 열두 가지의 연결고리(link)는 무명, 행, 식, 명색, 육입, 촉, 수, 갈애, 집착, 업의 생성, 생, 노사이다.

6. 시간은 세 가지로 과거, 현재, 미래이다.

7. 세 가지 굴레는 번뇌의 굴레, 업의 굴레, 과보의 굴레이다.

8. 세 가지의 연결

   (1) 과거의 원인과 현재의 결과

   (2) 현재의 원인과 현재, 미래의 결과

   (3) 현재, 미래의 원인과 미래의 결과

   붓다께서는 한 오온이 사라지고 새로운 오온을 일으키는 것을 통찰하시고, 계속해서 생성되고 소멸하는 오온의 연속적인 인과 법칙인 연기를 가르치셨다.

고(故) 대장로 모곡 사야도께서는 오온을 주의 깊게 관찰하신 후 연기법을 도표로 만드셨다.

이를 통해 수행자는 다음과 같은 것을 이해하게 될 것이다.

첫째, 연기는 바로 그 자신의 오온이다.
둘째, 오온은 일어나고 사라지는 과정이다.
셋째, 일어나고 사라지는 과정은 불만족과 괴로움이다.
넷째, 불만족과 괴로움은 삼법인의 하나인 고제이다.

이것이 바로 통찰력을 가지고 바르게 이해하고 인식해야 할 오온의 본질이며 이렇게 바르게 이해하고 인지했을 때라야 유신견, 상견, 단견 등의 사견을 제거할 수 있다. 그러므로 수행자는 오온이 나타내고 드러내며 의미하고 가리키는 바를 온전히 이해하려고 노력해야 한다.

다음은 모곡 사야도의 게송이다.

"무명과 갈애가 중심에서 회전시켜 명색을 일으킨다.
나무로부터 씨앗이, 씨앗으로부터 나무가 생기듯
집착과 업의 생성으로 인하여
동일한 인과의 연속이 끝없이 반복된다.

명색으로 인하여 업이 일어난다.
창조주[神] 혹은 위대한 브라마(梵天)에 의해서
이들 연속적인 인과가 만들어진 것이 아니라는 진실을
지혜로서 알고 인식해야 한다."

또 다른 짧은 게송이 있다.

"뿌리는 둘,
진리도 둘,
무리는 넷,
연결고리는 모두 열둘,
세 겹의 굴레와 세 개의 연결,
시간은 세 가지,
전체 요소는 스무 가지."

한때 아난다 존자는 붓다께 연기법이 깊이 있고 심오하다고 말씀드린 적이 있다. 붓다께서는 연기법은 실로 심오하며 그 나타난 바 그대로 깊은 뜻이 있으나 그렇게 여겨서는 안 된다고 세 차례나 말씀하셨다.

또 붓다께서 아난다에게 말씀하시길 인간이 엉클어진 실 뭉치나 골풀처럼 혼란에 휩싸여서 존재의 비참한 상태와 윤회의 고리를 뛰어넘지 못하는 것은 연기법을 간파하는 철저한 지식과 지혜가 없기 때문이라고 하셨다.

따라서 충분한 마음의 여유를 가지고 이 법을 읽고 연구하는 것이 좋다. 그렇게 함으로써 다음과 같은 이익을 얻을 수 있다.

1. 수행자가 연기법의 대의를 완전히 이해할 때, 일어남과 사라짐을 통찰하는 지혜를 얻는다. 즉, 오온이 일어나는 과정을 인과의 법칙에 따라 이해할 때 단견(斷見)을 가진 단멸론자(斷滅論者)의 그릇된 견해를 제거할 수 있으며, 이전의 오온이 사라지고 새로운 오온이 일어나는 과정을 인과의 법칙에 따라 완전히 이해할 때 상견(常見)을 가진 불멸론자(不滅論者)의 잘못된 견해를 제거할 수 있다.

일어나고 사라지는 현상이 원인과 결과의 과정일 뿐, 그 속에 인간, 남자, 여자 또는 자기라고 불릴 만한 것이 없다는 사실을 수행자가 완전히 알고 이해할 때 자아, 즉 유신견(有身見)의 장막으로부터 일시적으로 자유로워질 수가 있다.

2. 일어나고 사라지는 과정을 인과법의 결과로 이해할 때 원인과 결과를 아는 지혜(Paccaya Pariggaha Ñāṇa)^{주해2)}를 얻을 수 있다.

3. 무명과 갈애 그리고 행을 원인으로 ㅎ-여 오온이 형성된다는

것을 완전히 이해하고 알 때 수행자는 존우론(尊祐論)[1], 비작업론(非作業論)[2], 무인론(無因論)[3]을 제거할 수 있다.

4. 연기법의 바른 이해를 통해 수행자는 오온은 단지 육체적·정신적 현상들, 즉 물질·느낌·지각·형성 작용·의식이 끊임없이 일어나고 사라지는 과정이 축적된 무더기일 뿐임을 깨닫게 된다. 결국 수행자는 오온은 불만족과 괴로움의 축적물일 뿐임을 아는 통찰력을 얻는다.

위의 네 가지 요점들을 완전히 이해할 때 수행자는 사악도로 떨어질 위험에서 일시적으로 자유롭게 된다.

수행자는 실수행에 들어가기에 앞서 이 연기법을 완전히 숙지하여 자신의 믿음, 지혜 그리고 노력에 따라 사성제의 첫째, 둘째 그리고 셋째, 넷째 단계의 이익을 거둘 수 있기를 바란다.

---

1) 존우론(尊祐論. Issaranimmāna Diṭṭhi) : 초월적 존재에 의해 우주가 창조되었다고 하는 사견.
2) 비작업론(非作業論. Akiriya Diṭṭhi) : 선행이나 악행이 그에 수반된 이득이나 손해를 가져오지 않는다고 하는 사견.
3) 무인론(無因論.Ahetuka Diṭṭhi) : 원인에 따른 결과는 없고 모든 것들이 원인 없이 발생한다는 사견.

<주해 1> 요소(要素) : 사물의 성립과 효력 등 필요 불가결한 근본적인 조건을 말한다.

<주해 2> 원인과 결과를 아는 지혜(paccaya pariggaha ñāṇa) : 위빠사나 수행의 16단계 지혜 중에 두 번째 단계의 지혜가 원인과 결과를 아는 지혜이다. 이 지혜를 '조건을 식별하는 지혜'라고도 한다. 정신과 물질의 현상은 반드시 원인과 결과에 의해 조건 지어진다. 위빠사나 수행을 시작하고 1단계 지혜인 '정신과 물질을 구별하는 지혜'가 성숙되견 다음 단계로 원인과 결과를 아는 지혜가 생기게 된다.

수행이 계속되면 정신과 물질이 상호 관계를 이루며 조건에 의해 일어나고 사라지는 현상만 있다는 것을 알게 된다. 몸을 움직이는 모든 행위도 마음이 선행되어 일어난다. 눈이 대상을 볼 때 눈은 원인이고 대상이 무엇이라고 아는 것은 결과이다. 다시 대상이 무엇이라고 아는 원인으로 인하여 대상이 좋다거나 싫다는 느낌을 갖는 것이 결과이다. 호흡의 일어남은 원인이고 이 원인으로 인해 일어난 호흡이 사라지는 것은 결과이다. 이 호흡의 사라짐이라는 결과가 다시 원인이 돼어 일어남이라는 결과가 연속된다. 이처럼 모든 것이 원인과 결과로 연속되는 것이 연기의 구조이다.

제3장

오온(五蘊)의 연기

고 대장로 모곡 사야도께서는 수행자으 이익을 위해 오온의
연기에 대해서 설하셨다. 이는 수행을 시작하려는 자에게 실수
행으로 가는 지름길이 될 것이다. 왜냐하면 연기법이 작용하고
있는 현재의 측면을 가르치기 때문이다. 즉, 오온의 연기를 통해
수행자는 오온의 시작과 원인 그리고 사라짐을 이해할 수 있다.

"눈[眼. cakkhu]과 물질[色. rūpa]을 조건[緣]으로 하여 안식(眼識.
cakkhuviññāṇa)이 일어난다. 이 세 가지의 화합이 촉(觸. phassa)이다.
촉을 원인으로 하여 느낌[受. vedanā]이 일어난다.

느낌을 원인으로 하여 갈애(渴愛. taṇhā)^{주해1)}가 일어난다.

갈애를 원인으로 하여 집착(執着. upādāna)이 일어난다.

집착을 원인으로 하여 업의 생성(業의 生成. kamma bhāva)이 일
어난다.

생성을 원인으로 하여 생(生. Jāti)이 일어난다.

태어남을 원인으로 하여 늙음, 죽음, 슬픔, 비탄, 고통, 비애, 절망이 일어난다."

이와 같이 오직 고통스러운 오온의 집합이 될 뿐이다.

"귀[耳. Sota]와 소리[聲. Sadda]를 조건[緣]으로 하여 이식(耳識. Sota viññāṇa)이 일어난다.

코[鼻. ghāna]와 냄새[香. gandha]를 조건[緣]으로 하여 비식(鼻識. ghāna viññāṇa)이 일어난다.

혀[舌. jivhā]와 맛[味. rasa]을 조건[緣]으로 하여 설식(舌識. jivhā viññāṇa)이 일어난다.

몸[身. kāya]과 접촉(接觸. phoṭṭhabba)을 조건[緣]으로 하여 신식(身識. kāya viññāṇa)이 일어난다.

마음[意. mano]과 마음의 대상[法. dhamma]을 조건[緣]으로 의식(意識. mano viññāṇa)이 일어난다.

이렇게 세 가지가 접촉해서 육식(六識)^{주해2)}이 일어난다."

본다는 것은 눈으로서의 안근(眼根)과 보이는 대상으로서의 안경(眼境)이 있다. 이들 두 가지 현상이 부딪칠 때 안식(眼識)이 일어난다. 여기서 알아야 할 것은, 안식의 일어남이 있을 뿐 거기에는 보는 나, 그 혹은 그녀는 없다는 사실이다. 이처럼 보는 자는 없다. 눈이나 보이는 대상 안에 나, 그 혹은 그녀는 없다. 안식 안에도 나, 그 혹은 그녀라고 할 존재는 없다. 안식은 다만 안식일 뿐이며, 이 안식은 나, 그 혹은 그녀 등으로 혼동되거나 인격화되어서는 안 된다.[주해3]

눈, 보이는 대상인 물질 그리고 안식의 결합이 접촉을 일으키고, 그 접촉을 원인으로 하여 느낌이 일어난다. 이 느낌 안에는 나, 그, 그녀 혹은 너라고 불릴 만한 것이 없다.

느낌을 원인으로 하여 갈애(渴愛)가 일어나고, 갈애를 원인으로 집착이 일어나며, 집착을 원인으로 하여 업의 생성인 신업(身業), 구업(口業) 그리고 의업(意業)이 일어난다. 업의 생성을 원인으로 하여 생(生)이 일어난다. 생에는 사악도에 태어나는 것도 포함된다.[주해4]

생을 원인으로 하여 노사(老死. 늙음, 죽음, 슬픔, 비탄, 고통, 비애, 절망)가 일어난다. 이러한 방식으로 고(苦)가 덩어리지어 일어난다.

귀와 들리는 대상인 소리는 이식(耳識)을 일으킨다. 이상 육입(六入)에 속한 다른 감각기관과 대상도 이와 마찬가지다.

이것이 바로 고 대장로 사야도께서 설하신 오온의 연기이다. 좀 더 분명하고 명확한 이해를 위하여 일상적인 말로 쉽게 설명해보기로 한다.

A가 아름다운 대상을 본다. 그는 그 대상을 바라고 집착하여 그것을 가지고자 애쓴다. 즉, 아름다운 대상을 볼 때 그것을 갖고 싶어 한다. 이것이 갈애다. 이는 소유하고자 하는 욕망이며, 이렇게 갖고자 하는 열망에 사로잡혀 그것에 집착한다. 이것이 집착이다. 다시 생각과 말과 행동을 통해 온갖 노력을 기울인다면, 이것이 바로 업의 생성이다.

업의 생성을 원인으로 하여 생이 일어난다. 생을 원인으로 하여 늙음, 죽음, 슬픔, 비탄, 고통, 비애, 절망이 일어난다. 이것이 바로 일련의 연기가 도는 과정, 즉 오온의 일어남과 사라짐일 뿐인 연기의 한 궤도이다. 이들 오온은 괴로움[苦]일 뿐이며, 일련의 연속적인 고의 무리일 뿐이다.

사려 깊은 독자라면 우리가 하루 동안 갈애, 집착, 업의 생성이 일어나는 쉼 없는 과정을 수도 없이 겪고 있다는 사실을 이제 명확히 알 수 있을 것이다. 즉 우리는 보고, 바라며, 갈망과 집착에 사로잡혀 생각과 말과 행동으로 업을 짓는다.

같은 방식으로 어떤 소리를 들었을 때 우리는 좋아하거나 즐기는데, 이것이 갈애다. 이렇게 좋아하거나 싫어하는 갈망에 사로잡힐 때, 이것은 집착이며, 이처럼 세 가지 종류의 업을 지을 때 이것이 업의 생성이다. 이 같은 원리가 냄새 맡음, 맛봄, 신체의 접촉, 생각에 적용된다. 의식하고 있든, 의식하지 않고 있든 우리는 일어나서 잠자리에 들 때까지 이러한 과정을 반복한다.

이제 수행자는 연기는 바로 자신의 행위의 연속이라는 사실에 주의를 기울여야 한다. 그리고 오온에 의식을 집중해서 자신의 행위가 인과의 법칙 하에 있으며, 연기법의 사상과 조화를 이루고 있다는 사실을 알아야 한다.

연기에 따른 연속적인 행위들을 멈추어야 할 시점이라고 생각한다면 윤회로부터 벗어날 수 있는 길이 있다. 보통 때와 같이 연기의 순환을 계속한다면 가차 없는 슬픔, 고통, 비탄, 절망 등 한 무더기의 고(苦)를 끝없이 반복해야만 할 것이다.

'눈'과 '보이는 대상'이 부딪칠 때 '안식'이 일어난다. 수행자는 이 '안식'을 대상으로 그것이 지속되는지 혹은 사라졌는지를 지켜보아야 한다. 이 '지켜보는 의식'으로 알아차렸을 때 이전의 안식은 이미 사라졌음을 알게 된다. 지켜보는 자에게 있어 명백한 사실은 안식이 찰나적으로 일어났다 사라졌기 때문에 그것을 더 이상 찾을 수가 없다는 것이다.

같은 방식으로 안식·이식·비식·설식·신식·의식이 일어날 때 이 일어남을 뒤에 오는 아는 마음(지켜보는 의식)으로 지켜보아야 한다. 아는 마음이 일어날 때에 이미 먼저 일어난 인식 혹은 다른 식이 사라졌다고 하는 것은 두 가지 의식이 병행하여 존재하지 않기 때문임을 명심해야 한다.

"마음은 다르게 일어난다.
마음은 다르게 소멸한다."

이것은 한순간에 오로지 하나의 의식이 일어나는 것을 말한다. 그러므로 수행자는 색·수상·행·식의 어떠한 오온이 일어나든 간에 그 일어남은 바로 사라지는 찰나적인 것임을 알아야 한다. 이것이 바로 우리의 오온에 관한 실상이다. 모든 일어남은 순간적이다. 이전에 일어난 오온의 사라짐은 새로운 오온을 일으키고 똑같은 과정이 끝없이 반복될 뿐이다.

수행자가 안식을 알아차리거나 숙고하지 못하면 갈애가 일어난다. 갈애를 알아차리거나 숙고하지 못한다면 결국 집착이 따라오게 될 것이다. 이때는 집착을 알아차리고 숙고해야 한다. 만약 이렇게 알아차리지 못했다면 업의 생성이 따라오고 이에 따라 생과 노사가 필연적으로 따라오게 되는 것이다. 이렇듯 연기의 회전은 끝없이 이어진다.

또 다른 예를 들어 보자. 어떤 사람이 학교에서 돌아오는 어린 아들이 부르는 소리를 들었다. 아들의 목소리를 듣자 아들이 무척 보고 싶고, 더욱이 아들을 끌어안고 싶어져 달려가 귀여운 아들을 끌어안고 쓰다듬었다. 친아들을 사랑하는 것이 어떤 도덕적 규범을 어기는 것이 아니므로, 죄나 과실이 된다는 생각 없이 행동한다.

그러나 진실은, 냉혹한 연기의 과정이 여기에서도 진행되며 그 끝없는 회전을 계속하고 있다는 것이다. 학교에서 돌아오는 어린 아들의 목소리를 듣는 순간 연기가 어떻게 돌기 시작하는지 밝혀 보기로 한다.

어린 아들의 목소리가 들린다. 목소리가 들리자마자 아들을 보고 싶고, 안고 싶어 하는 갈애가 생긴다. 그 갈애로 인하여 아들을 포옹하고 귀여워해 주고 싶은 참을 수 없는 욕구가 일어난다. 이러한 포옹과 귀여워함이 업의 생성이다. 이제 업의 생성으로 인해 생(生)이 일어난다.

도표의 부분 3과 부분 4 사이의 연결을 참조하여 보자.
"업의 생성(업의 힘)이 일어날 때 생이 일어난다."
"모든 것을 아시는 붓다께서도 업의 힘을 멈출 수는 없다."

새벽에서 황혼까지 이 과정은 계속된다. 어떤 매력적인 대상을 보면 갈애가 일어난다. 갈애로 인해 집착이 일어난다. 집착으로 인해 업의 생성이 일어난다. 이러한 일련의 연기의 고리는 끊임없이 회전을 계속한다. 즐거운 소리가 들렸을 때 갈애가 일어난다. 이러한 갈애로 인해 집착, 업의 생성, 생, 노사가 일어나고 일련의 연기의 고리가 가차 없는 회전을 계속한다.

이와 마찬가지로 좋은 냄새를 맡고, 좋은 맛을 느끼고, 좋은 대상에 닿고, 좋은 생각을 할 때 갈애, 집착, 업의 생성, 생, 노사 등 고(苦)의 무더기들이 따라 일어난다.

사실상 아름다운 대상, 좋은 소리, 좋은 냄새, 좋은 맛, 좋은 촉감, 좋은 생각이 육문(六門)을 통해 들어올 때마다 갈애와 다른 일련의 요소들이 반드시 일어나게 된다. 이러한 연속 과정들이 바로 번뇌의 굴레^{주해5)}이다. 이 번뇌의 굴레는 업의 굴레를 일으키고 여기에서 또한 과보의 굴레가 나와 세 가지 굴레라는 원을 이룬다.

도표를 보도록 하자.
무명·갈애·집착은 번뇌의 굴레인 반면 행·업의 생성은 업의 굴레이고 식·명색·육입·촉·수·생·노사는 과보의 굴레를 이룬다.

모든 오온의 연기는 이렇게 위빠사나 수행을 통해 알아차리고 숙고되어야 한다. 그렇지 않다면 고통과 슬픔이 끝없이 반복되는 윤회의 과정이 무한히 지속될 것이다.

<주해 1> 갈애(渴愛. Taṇhā) : 바라는 마음, 욕망, 범부(凡夫)가 목마르게 다섯 가지 욕망(재산욕, 성욕, 음식욕, 명예욕, 수면욕)에 애착하는 것을 말한다.

느낌이 일어났을 때 초기 단계의 바라는 마음이 일어나는데 이것이 갈애이다. 다시 이 갈애가 지속되면 더 강한 갈망이 생겨 집착으로 발전한다. 갈애는 크게 좋아하는 것에 대한 갈애와 싫어하는 것에 대한 갈애가 있으며, 이는 다음과 같이 구분할 수 있다.

(1) 감각적 쾌락의 갈애 : 오근이 대상을 만나 쾌락을 즐기고 오욕을 즐기려는 마음이다.

(2) 존재에 대한 갈애 : 살고 싶다는 마음. 좋은 곳에 다시 태어나고 싶다는 마음이다.

(3) 비존재에 대한 갈애 : 삶이 끝나기를 바라는 마음. 죽고 싶다는 마음. 허무에 대한 갈망. 다시 태어나고 싶지 않다는 마음이다.

<주해 2> 육식(六識) : 여섯 가지 감각기관인 안(眼) · 이(耳) · 비(鼻) · 설(舌) · 신(身) · 의(意)가 감각대상인 색(色) · 성(聲) · 향(香) · 미(味) · 촉(觸) · 법(法)에 부딪쳐서 여섯 가지 의식인 안식(眼識) · 이식(耳識) · 비식(鼻識) · 설식(舌識) · 신식(身識) · 의식(意識)이 일어난다. 이때의 식(識)은 아는 마음을 말한다.

<주해 3> 그 혹은 그녀 등으로 혼동되거나 인격화되어서는 안 된다 : 대상을 볼 때 보는 자라고 하는 인격체가 있어서 보는 것이 아니다. 눈 · 대상 · 빛 · 안식이라는 네 가지 조건에 의해 보이는 것이다. 여기에 나, 너, 우리라고 하는 인칭이 개입될 수 없다.

<주해 4> 생에는 사악도의 태어남이 포함되어 있다 : 윤회를 거듭하는 과정에서

인간으로 태어나거나 색계·무색계에 태어날 가능성은 매우 낮다. 태어남을 말할 때 거의 모든 생명은 사악도인 지옥·축생·아귀·아수라로 태어나는 것을 말한다.

<주해 5> 번뇌의 굴레는 세 가지인데 무명과 갈애와 집착이다. 부분 1의 무명은 부분 3의 갈애와 집착과 끈으로 연결되어 있어서 하나의 무리를 형성한다. 처음에 번뇌의 굴레가 굴러가면 다음으로 업의 굴레로 연결된다. 이것이 원인과 결과이다. 업의 굴레는 두 가지토 행(業의 形成)과 업의 생성(業有)이다.

부분 1의 행은 부분 3의 업의 생성과 끈으로 연결되어 있어서 하나의 무리를 이룬다. 업의 굴레가 굴러가면 과보의 굴레로 연결된다. 과보의 굴레는 여덟 가지인데 태에 들어가 생을 받는 존재·생·노사·식·명색·육입·촉·수이다. 이상 여덟 가지를 조건으로 하여 생긴 과보의 굴레는 이것이 한 일생의 시작이 된다. 다시 과보의 굴레는 번뇌의 굴레로 연결되고, 번뇌의 굴레는 업의 굴레로 연결되고, 업의 굴레는 과보의 굴레로 순환을 거듭한다.

제4장

어떻게 연기의 고리가 느낌으로부터
회전을 시작하는가

도표를 보기 바란다.

부분 2에서 식·명색·육입·촉·수의 다섯 가지를 볼 수가 있다.

감각기관과 감각대상 그리고 의식이 만날 때마다 접촉이 일어나고 이 접촉은 즐겁거나, 괴롭거나, 덤덤한 느낌[주해1]을 일으킨다.

예를 들어 보자. 어떤 사람이 무척 아름다운 꽃을 본다. 그 꽃이 마음에 들 경우 즐거운 느낌을 가진다. 그 꽃을 갖고 싶은 욕망인 갈애가 일어나면 필연적으로 집착이 따라온다. 이것이 연기의 고리가 회전하기 시작하는 모습이다.

하지만 연기는 그 시점 그 자리에서 멈추지 않는다는 것을 알아야 한다. 집착 다음에 업의 생성이 일어나면 필연적으로 생이 따라온다. 도표의 부분 3과 부분 4를 보면 업의 생성과 생 사이의 연결고리를 볼 수가 있다. 이 연결은 12연기에서 연속적으로 이어지는 행위의 과정을 의미한다.

붓다께서 말씀하셨다.

"느낌에 이어 갈애가 일어나면 도(道)와 과(果)에 이르는 열반을 결코 실현할 수 없다. 이와 마찬가지로 느낌에 이어 화냄 또는 근심이 따라오면 도와 과에 이르는 열반을 실현할 수 없다."

연기의 과정이 멈추지 않고 계속된다는 것은 바로 우리 자신의 오온이 끊임없이 윤회하는 과정을 겪고 있다는 것을 의미한다. 여기에서 오온이라는 다섯 가지 무더기[蘊]는 40~70킬로그램 정도 무게가 나가는 몸을 의미하는 것이 아니라 전통적인 의미의 오온(五蘊)인 정신과 물질의 무더기를 뜻한다.

무더기[蘊]가 의미하는 바는 무엇인가?

어떤 대상(감각대상)이 감각기관에 들어올 때 의식의 무더기, 즉 식온(識蘊)이 일어난다.
접촉이 있을 때마다 느낌의 무더기인 수온(受蘊)이 일어난다.
접촉이 있을 때마다 지각의 무더기인 상온(想蘊)이 일어난다.

의도적 행위의 무더기는 행온(行蘊)으로 불리며, 물질의 무더기는 색온(色蘊)으로 불린다.

위의 색온·수온·상온·행온·식온은 어느 것이나 무더기로 모여서 일어나며 이 과정이 곧 연기이다. 사실상 오온과 관련된 연기는 빨리어 삼장이나 암송문에 거론되지 않았지만, 우리의 오온 안에서 분명하게 찾을 수 있다. 연기가 지속된다는 것은 오온이 연속적으로 일어난다는 것으로 '거기에는 근심과 고통의 덩어리가 있을 뿐'이다.

『상윳따니까야(Saṃyuttanikāya)』의 인연품(因緣品)에서 말하기를, "연기의 길을 따라가는 자는 그릇된 삶을 사는 자로 불린다. 위빠사나를 수행하는 자는 올바른 삶을 사는 자(올바른 성향을 지닌 正行者)로 불린다"라고 하였다.

올바른 길에 의한 청정행^{주해2)}을 하면 위빠-사나 수행을 하는 자이며, 이런 수행자는 업의 힘[業力] 혹은 오온이 다시 연결되는 것을 끊으려는 자이다. 다시 말하자면 연기를 중단시키려고 노력하는 사람이라고 단언할 수 있다.

여기에서 도표를 참조하기 바란다.
위빠사나 수행은 부분 3과 부분 4의 연결을 끊고 업의 힘이 일어나는 것을 막기 위하여 갈애를 없애는 작업이다.

또 위빠사나 수행은 '느낌이 갈애를 일으키는 것'을 '느낌이 지혜를 일으키는 것'으로 바꿔 가려는 작업이라고 말할 수 있다. 이는 느낌 다음에 일어나는 갈애를 위빠사나 도(道)로 바꾸어가는 작업이다. 위빠사나 도는 바른 견해[正見]·바른 사유[正思惟]·바른 정진[正精進]·바른 알아차림[正念]·바른 집중[正定]을 의미한다.

위빠사나 도를 닦지 않는다면, 즉 위빠사나 수행을 하지 않는다면 갈애가 필연적으로 따라온다. 이 경우에 어떤 것으로도 갈애가 일어나는 것을 막을 수 없다. 연기의 길을 가는 자는 괴로움의 원인[集]과 괴로움[苦]에 맞닥뜨리게 될 뿐이다. 그는 윤회 속의 나그네와 같고, 이 세상에 붓다가 출현한다고 해도 영원히 나그네로서 떠돌게 될 것이다.

이제 독자는 어느 길을 선택할 것인가? 도과의 길인가? 아니면 윤회의 나그네로서 떠도는 길인가?

윤회의 소용돌이로부터 벗어나고자 하는 자는 반드시 도(道)의 길을 가야 한다. 즉, 위빠사나 수행을 해야만 하고, 다섯 가지 도지(道支)^{주해3)}를 통해 느낌의 일어남과 사라짐을 통찰력을 가지고 알아차리려고 노력해야 한다.

여기서 하나 지적해 둘 것은, 느낌은 여기저기로 찾아다녀서는 안 된다는 것이다. 그렇다. 느낌을 찾으려 해서는 안 된다. 느낌은 부딪힘[觸]이 있을 때마다 일어난다. 즐거우나 괴로우나, 기분 좋거나 나쁘거나, 색다르거나 덤덤하거나 간에 어떠한 종류의 느낌이 항상 우리 안에 내재되어 있기 마련이다. 느낌은 우리의 여섯 가지 감각의 문[六門] 중 어딘가에 항상 있는 것이기 때문에 이를 의도적으로 찾을 필요가 없다.

느낌은 일어남과 사라짐을 통해 그 모습을 드러내고 있다. 수행자는 느낌이 무상한 것이며 일어나고 사라진다는 통찰을 가지게 된다. 수행자가 느낌을 올바르게 이해하면 영원에 대한 그릇된 인식의 경계에서 빠져나올 수가 있다. 느낌의 무상함을 위빠사나의 통찰로 이해하였을 때, 그는 이제 올바른 길어 접어든 것이다.

"느낌이 소멸되면 갈애도 소멸된다. 갈애의 소멸은 열반이다."[1]

---

1) 이는 느낌이 소멸되었을 때 갈애도 함께 소멸되며 갈애가 소멸된다는 것은 열반에 이르는 것을 의미한다. 집중적이고 반복적인 수행의 결과로 느낌[受. vedanā]이 가장 혐오스럽고, 경멸할 만하고, 싫고, 불유쾌한 것으로 받아들여질 때 모든 종류의 느낌에 대한 욕망, 갈망 혹은 갈구가 끝이 나고, 느낌은 정지된다. 그러한 수행자는 모든 번뇌가 소멸하는 반-열반(般涅槃. Parinibbana)에 이르게 된다. —집편(集篇. Sutta Nipāta)

<주해 1> 육근이 육경에 접촉하여 육식(六識)을 할 때 느낌이 일어나며, 안다는 것
은 느낌으로 아는 것이다. 즉, 안다는 것은 느낀다는 것이다. 이처럼 느낌
은 여섯 가지 감각기관의 문에서 모두 일어난다. 제일 처음에 일어나는
느낌은 맨 느낌이다. 이 맨 느낌에서 반응한 느낌이 육체적인 느낌이다.
여기서 다시 반응한 느낌이 정신적인 느낌이다.

맨 느낌에서 육체적인 느낌이 일어날 때 즐거운 느낌, 불쾌한 느낌, 덤덤
한 느낌이 일어난다. 이때 덤덤한 느낌을 빨리어로 우뻬카 웨다나
(Upekkhā Vedanā)라고 한다. 그러나 우뻬카(upekkha)는 평정, 사(捨)를 말하
기도 하나 무관심이라는 뜻도 가지고 있다. 이때의 덤덤한 느낌은 평등한
느낌이 아니고 알아차리지 못한 덤덤한 상태를 말하며, 이것을 무지한 느
낌이라고 말하기도 한다.

<주해 2> 올바른 길에 의한 청정행〔道梵行. Magga Brahmacariya〕: 도범행(道梵行)은
여덟 가지 청정한 길인 팔정도를 말한다. 팔정도에 의해 탐욕과 성냄과
어리석음이 소멸되는 것이 범행의 완성이다.

<주해 3> 다섯 가지 도지(道支) : 위빠사나의 도는 다섯 가지 도의 항목으로 구별된
다. 다섯 가지 도(道)는 바른 견해〔正見〕, 바른 사유〔正思惟〕, 바른 정진
〔正精進〕, 바른 알아차림〔正念〕, 바른 집중〔正定〕이다. 이상 다섯 가지 도
의 항목은 팔정도의 계를 제외한 정과 혜에 속하는 것들이다. 그러나 이
상 다섯 가지 도에 이르면 알아차림을 통하여 자연스럽게 바른 말〔正語〕,
바른 행위〔正業〕, 바른 생계〔正命〕라는 계율을 지키게 된다. 그래서 위빠
사나 수행을 팔정도라 이른다.

제5장

시작[無明]으로부터 보는 연기의 회전

수행자는 알아차림이 부족하기 때문에 보이는 대상(현상)과 눈이라는 감각의 문[眼門]에서 생기는 일어남과 사라짐을 놓치게 된다.[주해1] 이식·비식·설식·신식·의식의 경우에도 이와 마찬가지다. 이처럼 오온의 일어남과 사라짐을 지켜보고 알아차리지 못하기 때문에 무명을 시작으로 한 연기의 고리가 돌기 시작한다. 무명에 덮여 우리는 삼업(三業)인 몸의 업, 말의 업, 생각의 업[주해2]을 짓는다.

도표를 보자.

무명을 원인으로 하여 행이 일어나고, 행을 원인으로 하여 식[意識]이 일어나고, 식을 원인으로 하여 명색이 일어난다. 이는 오온이 형성되는 것을 함축적으로 표현한 것이다. 오온이 있기 때문에 접촉이 일어나기 마련이며, 접촉을 원인으로 하여 느낌이 일어나고, 느낌을 원인으로 하여 갈애가 일어나고, 갈애를 원인으로 하여 집착이 일어나고, 집착으로부터 업의 생성이 일어나고, 업의 생성으로부터 생이 일어난다. 태어남이라고 하는 생이 일어나면 온갖 종류의 고통이 따라오고 끝없는 연기의 고리가 다시 돌기 시작한다.

그러므로 수행자가 어떤 일에 정신이 팔려 있거나 일어남과 사라짐에 대한 알아차림을 놓칠 경우 연기는 무명에서부터 그 회전 과정을 시작한다. 이것은 그릇된 길을 밟는 사도(邪道)로서 여덟 가지 요소인 식·명색·육입·촉·수·갈애·집착·업의 생성이 두드러지게 나타난다.

다시 도표를 참조하기 바란다.

이들 여덟 가지 요소들을 성제(聖諦)로 분류해 보면, 고제(苦諦)와 집제(集諦)에 해당된다. 고(苦)는 연료이며 집(集)은 불이다. 오온은 연료이며 갈애·집착·업의 생성은 불로서 연료와 불이 결합한다. 윤회의 모든 과정은 오로지 연료와 불의 결합일 뿐이다. 불이 그 격렬함을 잃을 때마다 연료가 다시 공급된다. 분명한 것은 누구나 존재가 윤회하는 전 과정에서 단 한 생애도 그 불을 끄려는 의도나 노력을 기울인 흔적이 없다는 것이다.

큰 믿음과 다소나마 지혜를 가진 자라면 마땅히 이번 생에서 연료를 끊어 불을 끄려는 노력을 해야 한다.

주해(註解) ─────────────────────────────────────●

〈주해 1〉 대상을 알아차릴 때 먼저 대상을 겨냥하고 다음으로 대상을 계속해서
         주시한다. 이때 대상과 하나가 되어서 알아차리지 않고 대상과 분리해서
         주시할 때 대상의 실재하는 성품을 본다. 일어남과 사라짐은 이와 같은
         단계에서 지혜가 성숙되었을 때 알게 된다. 초보 수행자가 처음부터 일어
         남과 사라짐을 알기에는 어려움이 있다. 그러나 수행을 지속하면 궁극적
         으로 알아야 될 일어남과 사라짐이라는 무상의 지혜를 보게 된다.

〈주해 2〉 신업(身業. Kāya Saṅkhārā), 구업(口業. Vaci Saṅkhārā), 의업(意業. Citttā
         or Mano Saṅkhārā) : 일반적으로 행(行. saṅkhārā)은 형성력, 형성된 수동
         적 상태를 의미하는 말로 많이 쓰이나 연기법에서 쓰이는 행은 능동적인
         측면인 '업을 짓고 드러냄'의 의미, 즉 선하거나 불선한 몸과 말과 생각으
         로 짓는 의도적인 행위를 의미한다.

제6장
끝[老死]에서부터 보는 연기의 회전

적(敵)이나 싫어하는 사람을 보았을 때 성냄과 분노가 일어난다. 얼굴을 맞대거나 말을 하면 더욱 화가 치솟는다. 목소리와 모습은 비열하게 느껴지고 참을 수가 없게 된다.

빨리어 경전에 다음과 같은 말이 있다.

"성냄, 슬픔, 비탄, 근심, 고뇌가 일어난다. 이와 같이 이것 혼자 괴로움의 무더기가 발생된다."

이것은 "고통과 슬픔의 큰 무더기가 일어난다. 왜냐하면 연기가 끝에서부터 회전하기 때문이다"^{주해1)}라는 의미이다.

또 다른 빨리어 경전에서는 "번뇌가 일어나기 때문에 무명이 일어난다"고 하였다.

그러므로 불쾌하고 마음에 안 드는 대상을 볼 때 수행자가 그 일어남과 사라짐에 대해 알아차리지 못한다면 연기는 끝에서부터 돌기 시작한다.

주해(註解) ───●

⟨주해 1⟩ 연기의 회전은 일생을 통하여 거듭되기도 하고 매순간 거듭되기도 한다. 이러한 연기의 회전이 시작에서부터 돌기 시작하는 경우는 무명으로 인한 것이다. 그리고 중간에서부터 돌기 시작하는 것은 느낌이 갈애를 일으켰을 때이다. 끝에서부터 돌기 시작하는 것은 업의 생성으로 인해 태어나고 늙어서 죽기[老死] 때문에 다시 돌기 시작한다.

제7장

위빠사나 수행을 하지 않을 때
연기의 윤회는 계속된다

연기는 계속 돌고 있다. 잠자는 시간(잠재의식^{주해1)}이 지배적인)을 제외하고는 좋거나 싫은 대상을 대함에 있어, 때로는 탐욕[貪]으로, 때로는 성냄[嗔]으로, 때로는 어리석음[痴]으로 함께 연기는 돌고 있다.

연기가 이들 탐욕·성냄·어리석음과 함께 회전할 때 불선심(不善心)이 일어나고, 이를 일러 '공덕이 되지 않는 행[非福德行]'^{주해2)}의 상태라고 한다.

어떤 사람이 자기의 사랑하는 아들이나 딸, 아내 또는 소유물이나 즐거운 일과 함께할 때, 연기는 탐욕과 함께 회전한다.

때로는 이와 반대로 사업의 실패나 자녀의 반항에 접할 때는 성냄과 함께 연기가 회전한다.

무의식적으로나 알지 못한 채 잘못된 행위를 한 경우는 어리석음과 함께 연기가 회전한다.

선한 행[善行] 혹은 공덕을 짓는 행[德行]^{주해3)}은 다음과 같다. 내생에서 보다 나은 곳에 태어나고자 하는 염원으로 공덕을 짓는 행을 했을 경우에는 윤회를 계속하게 하는 선한 행위라고 한다. 고제(苦諦)의 진리를 알지 못하거나 무언가 보상을 바라고 한 선한 행위는 공덕을 짓는 행이다.

빨리어 경전인 『상윳따니까야(Saṁyutta-Nikāya)』에 다음과 같은 말이 있다.

"비구들이여! 붓다께서 말씀하셨다.
지혜가 없고 무명이 가득한 이는
'공덕을 짓는 행'과 '공덕이 없는 행'을 하고,
높은 경지인 범천의 세계에 태어나고자 '부동행(不動行)'^{주해4)}을 행한다.
비구들이여! 무명이 물러가고 지혜가 밝았다.
무명에서 해방되어 지혜가 밝은 자는 다시는 공덕을 짓는 행을 하지 않는다."

이렇듯 위의 경전 구절에 따라 무명을 멀리하고 무명에서 해방되어 자유로워진 자가 바로 아라한이다. 아라한은 공덕을 짓는 행을 하지도 않고, 그렇게 할 필요도 없다. 공덕을 짓더라도 이는 어떤 부수적인 결과가 따르지 않는 단순한 행위[kiriya]¹⁾일 뿐이다.

수다원, 사다함, 아나함의 경우에는 보시(普施)와 지계(持戒)를 더욱 많이 쌓아야만 한다.^{주해5)} 범부의 경우에는 물론 보시와 지계를 더욱더 많이 쌓아야 할 것이다.

그러나 명심해야 할 것은 보시와 갈애, 그리고 보시와 사견이 뒤섞이지 않아야 하고 무명에 지배되지 않아야 한다는 것이다.

보시가 선(善)한 행위인지 선하지 않은[不善] 행위인지를 묻는다면, 보시는 선한 행위임에 틀림이 없다. 보시를 하려는 의도는 의심할 여지없이 선한 행위이다. 그러나 내생에 보다 나은 곳에 태어나고자 하는 욕망을 갖는 것은 갈애이므로 선하지 않다. 이것은 선과 불선이 뒤섞인 것이다.

---

1) 단순한 행위를 빨리어로 끼리야(kiriya)라고 한다. 끼리야(kiriya)는 행위, 행동, 수행, 작용 등의 뜻을 가진 말로서 탐·진·치가 수반되지 않은 행위를 말한다. 단지 작용만 하는 행위로서 업력(kammic force)을 일으키지 않는다는 뜻이다. 곧 행위는 있지만 업이 생성되지 않는다.

다음 생에 이익을 얻고자 보시를 행한다면 그 행동은 선하지 못한 사견에 지배되고 영향을 받은 것이다. 그러므로 보시를 행할 때는 갈애와 사견에 흔들리지 말고, 무명이 지배하지 못하도록 해야 한다. 만일 어떤 사람이 적합한 보시가 무엇인지를 이해하는 지혜가 부족하거나, 바른 결과로서의 이익을 선택할 능력이 없이 보시를 한다면, 이는 윤회로 이끄는 보시이며 덕을 짓는 행이다. 이는 결국 윤회의 순환 과정으로 귀결된다.

　　따라서 윤회의 과정이 연장되는 것은 보시 때문이 아니라 보시가 행해질 때 가져야 하는 올바른 마음가짐을 이해하지 못하기 때문이다. 바른 보시는 윤회에서 벗어나게 하는 보시이다.

〈주해 1〉 잠재의식(Bhavaṅga Citta) : 잠재의식은 존재의 조건을 형성하는 의식을 말하며 유분심(有分心), 존재 지속심이라고도 한다. 잠재의식을 빨리어로는 바왕가찌따(Bhavaṅga Citta)라고 한다. 바왕가(bhavaṅga)는 생성의 요소, 존재의 기능을 말하는데, 존재하는 데 없어서는 안 되는 요소이다. 일생에 한 번뿐인 죽을 때의 마지막 마음인 사몰심(死沒心)이 일어났다가 사라지면 즉시 다음 생의 재생연결식이 일어난다. 이때 재생연결식도 일생에 한번 일어났다가 사라진 뒤에 다음 마음인 잠재의식[有分心]이 지속된다. 그 뒤 잠재의식은 죽음에 이를 때까지 개인의 연속성을 유지시키는 기능을 한다. 어떤 대상을 인식하는 과정을 제외하고 잠재의식은 매순간 일어났다가 사라지며 주로 잠을 잘 때 꿈을 꾸지 않는 상태에서 두드러지게 나타난다.

잠재의식이 한순간에 일어났다가 사라질 때 빠르게 열일곱 가지의 마음을 형성한다. 인식은 잠재의식과 잠재의식 사이에 일어난다. 그 인식 과정은 다음과 같다.

(1) 지나간 잠재의식(bhavaṅga)
(2) 잠재의식의 동요
(3) 잠재의식의 끊어짐
(4) 오문전향(五門轉向)
(5) 오식
(6) 받아들임
(7) 조사
(8) 결정
(9) 속행(速行)
(10) 속행

(11) 속행
(12) 속행
(13) 속행
(14) 속행
(15) 속행
(16) 등록
(17) 등록

<주해 2> 공덕이 되지 않는 행[非德行. Apuññābhisaṅkhāra] : 공덕이 되지 않는
    행은 탐진치를 가진 자가 하는 행위를 말하며, 죽으면 그 과보로 사악도
    인 지옥·축생·아귀·아수라에 태어난다.

<주해 3> 공덕이 되는 행[福行. 德行. Puññābhisaṅkhāra] : 선한 업을 짓는 것을
    말한다. 공덕이 되는 행에는 욕계 공덕행과 색계 공덕행과 부동행이 있
    다. 욕계 공덕행을 지으면 죽어서 인간으로 태어나거나 욕계 천상에 태
    어난다. 색계 공덕행을 지으면 천상의 색계천에 태어난다.

<주해 4> 부동행(不動行. Ānañjābhisaṅkhāra) : 안정되고 움직이지 않는 행을 말
    한다. 사마타 수행을 하면 마음이 움직이지 않는 근본삼매에 이른다. 이
    와 같이 사마타 수행의 움직임이 없는 선정 수행을 하면 무색계에 태어
    나게 된다. 그렇지만 여전히 윤회의 세계를 벗어나지 못한다.

<주해 5> 보시와 지계를 많이 쌓아야만 한다 : 수행자가 도과를 성취하기 위해
    서는 수행을 하는 것과 함께 반드시 보시를 해야 하고 계율을 지켜야
    한다. 선(善)하다고 하는 것은 관용과 지계와 수행의 세 가지 조건이 충
    족된 것을 말한다.
    세 가지 조건은 다음과 같다.
    첫째, 관용은 너그럽게 받아들이는 것이지만 베푸는 보시가 뒤따르는
    관용이 되어야 한다. 보시에는 재물을 보시하는 것과 법을 설하는 법보
    시가 있다.

둘째, 비구는 227계를 지켜야 하고, 일반 수행자들은 5계 내지 8계를 지켜야 한다.

(1) 살아있는 생명을 해치지 않는다.

(2) 주지 않는 물건을 갖지 않는다.

(3) 음란한 행위를 하지 않는다.

(4) 거짓말을 하지 않는다.

(5) 정신을 혼미하게 하는 술을 마시지 않는다.

(6) 정오 이후에 음식을 먹지 않는다.

(7) 춤추고 노래하며 향수, 장신구로 몸을 치장하지 않는다.

(8) 사치스러운 침상을 사용하지 않는다.

셋째, 수행은 사마타 수행과 위빠사나 수행을 한다.

이상 관용과 보시를 하고 계율을 지키는 것은 수행자에게 있어서는 기본이다. 만약 수행의 발전이 없다면 더 많은 보시를 행하고 철저하게 계율을 지키도록 노력해야 한다. 수행은 일정 수준까지 노력으로 될 수 있으나 더 높은 단계로 나아가기 위해서 선한 과보가 뒤따르지 않으면 발전하기 어렵다. 그러나 보시가 선한 것이라그 해도 공덕을 바라는 마음으로 하면 완전한 선이라고 할 수 없다.

제8장
순관(順觀)으로 본 연기법

도표를 살펴보자.

이 도표는 오온의 진행과정에 맞춰 고 대장로 모곡 사야도께서 고안하여 그리신 것이다. 이는 연기가 바로 우리 자신의 오온이 쉼 없이 진행되는 과정이라는 사실을 보여준다. 이전의 오온이 사라져 새로운 오온을 일으키는 과정인 연기는 바로 물질적·정신적 현상들이 일어나고 사라지는 연속적인 원인과 결과의 과정이다.

윤회의 시작은 헤아릴 수 없다. 무명에 가려지고 갈애에 묶인 채 한 생에서 또 다른 생으로 끝없이 윤회를 계속해 온 존재가 언제 시작되었는지는 알 수가 없다. 한 존재가 거쳐 간 육신의 뼈들을 무더기로 쌓는다면 그 높이는 웨뿐라(Vepunlla) 산에 맞먹을 것이며 그 산의 정상에 오르는 데 나흘이나 걸릴 것이다. 단지 한 존재의 뼈들로만 말이다. 윤회란 이토록 긴 것이다. 윤회가 이토록 길다고 하는 것은 고통의 세월 또한 길었으며 연기의 순환 또한 그토록 오래 계속되어 온 것이라고 말하는 것과 같다.

윤회의 시작은 무명이다.[주해1)]
그렇다면 무명이란 무엇인가?
무명은 사성제에 대한 무지이다.

첫째, 괴로움의 원인[集諦]에 대한 무지이다.
둘째, 괴로움, 불만족[苦諦]에 대한 무지이다.
셋째, 괴로움의 소멸[滅諦]에 대한 무지이다.
넷째, 괴로움의 소멸로 이끄는 길[道諦]에 대한 무지이다.

첫째, 집제(集諦)의 예는 다음과 같다.
우리 모두에게는 금이나 은 또는 값나가는 물건을 갖고 싶어하는 욕망이 있다. 이러한 욕망이 괴로움의 근본 원인이다. 이 사실을 모르는 것이 집제에 대한 무지이다.

둘째, 우리 자신의 오온이 바로 괴로움과 불만족이라는 사실을 모르는 것이 고제(苦諦)에 대한 무지이다.

셋째, 모든 괴로움의 소멸이 멸제, 즉 궁극적 열반이라는 것을 모르는 것이 멸제(滅諦)에 대한 무지이다.

넷째, 팔정도가 궁극적 열반에 이르는 길임을 모르는 것이 도제(道諦)에 대한 무지이다.

이러한 무지가 무명이며 모든 생각과 말과 행위들이 바로 이 무지로부터 일어난다. 그러므로 붓다께서는 "무명을 원인으로 하여 행(行. 業의 形成)이 일어난다"^{주해2)}고 하셨다.

모든 슬픔과 괴로움의 근본 원인이 무엇인지 모르는 채로 우리는 자신과 가족을 위해 온갖 종류의 행위들을 한다. 재산을 늘리고 더 나은 지위를 얻기 위해 선하고, 선하지 못한 모든 수단을 동원한다.

정당한 수단으로 선한 삶을 살고 있다는 사람조차도 연기적 관점에서 볼 때는 윤회의 고리를 끊지 못하고 연기를 다시 연결하는 일을 하고 있는 것이다. 이 경우 이 사람은 과연 무슨 잘못을 저지른 것인가? 물론 어떤 잘못을 저질렀다고 말할 수는 없다. 하지만 분명한 것은 연기의 고리가 계속 돌아가도록 연결 행위를 하고 있다는 것이다.

또 사람들은 다음 생에서 보다 나은 지위를 얻기 위하여 보시를 한다. 이것은 의심할 여지없이 선업(善業)이지만, 이러한 칭찬받을 만한 공덕이 괴로움의 진리를 알지 못하는 무명과 함께 행해질 때, 이는 덕을 짓는 행이 될 뿐이다.

　"무명(無明)으로 인하여 행[業의 形成]이 일어난다." 보시뿐 아니라 지계 역시 천인이나 범천으로 태어나는 등, 내생에서 보다 나은 지위로 태어나고자 하는 의도를 가지고 이루어지곤 한다. 이것은 '무명으로 인하여 선업이 일어남'이다. 흔히 보시를 한 후에 바라는 바가 이루어지기를 기원하는 말을 한다. 이 기원이 이루어져 그들이 천인이나 범천이 된다고 하더라도 다음 존재로서의 시작은 태어남인 생(生)이다. 생은 곧 괴로움의 진리[苦諦]이다.

　"행(선업과 불선업의 형성)으로 인하여 식(識)이 일어난다." 모든 존재의 시작은 재생연결식이다. 비록 무명에 속아 현생을 즐거움으로 착각하고 있을지라도 삶은 단지 괴로움과 불만족[苦]일 뿐이다. 그러므로 수행자는 보시나 공덕을 행할 때마다 과연 내생에 보다 나은 존재로 태어나기를 바라고 기원하는 것이 바람직한 일인가 잠시 생각해 볼 일이다. 그래서 괴로움을 멈추기 위해 힘써 노력하라고 수행자들에게 권한다. 왜냐하면 천인이나 범천 혹은 다른 어떤 존재로 다시 태어나든 생은 오로지 괴로움 자체이기 때문이다.

　"식(識)으로 인하여 명색(名色)이 일어난다." 태어남을 얻은 이는 정신과 물질도 얻는다.

도표의 부분 2를 참조해 보자.

"식으로 인하여 명색이 일어난다." 이때 식(識) 안에 나 혹은 나의 것이라고 할 만한 것이 있는지 자세하게 살펴보아야 한다. 또 정신과 물질 안에 나, 나의 것, 그, 그녀라고 할 만한 어떤 개아로서의 요소가 있는 것인지 자세히 조사해 보아야 한다.

식(識)은 재생연결식으로 현존재의 시작이다. 식 안에는 어떤 자아, 자신, 나, 그 혹은 너라고 할 만한 것이 없고, 식은 오로지 업의 형성인 행의 결과일 뿐이다.

또 정신과 물질을 주의 깊고 면밀하게 살펴본다면 거기에는 자아, 나, 나의 것이라고 할 만한 개아의 요소가 없다는 것을 알 수 있다. 거기에는 내 것이라 할 것도 나라고 할 것도 없다. 오로지 연속되는 원인과 연속되는 결과, 즉 연기가 있을 뿐이다.

"명색(名色)으로 인하여 육입(六入)이 일어난다." 정신과 물질[名色]로 인하여 눈·귀·코·혀·몸·마음이 일어난다.

눈은 앞선 원인이 되는 현상의 결과로 생긴 현상으로서 그 속에는 '자아', '나', '나의 것'이라고 할 만한 것이 아무것도 없다. 이는 연속되는 원인의 연속되는 결과로서 '나', '나의 눈', '나의 것'이 아니다.

귀의 경우도 앞선 원인이 되는 현상의 결과로 생긴 현상으로서 거기에는 '자아', '나', '나의 것'이라고 할 만한 개아적 요소가 없다. 코, 혀, 몸, 마음의 경우에도 이와 마찬가지로 이해해야 한다.

이들 6개의 감각기관은 여섯 가지 법으로서 윤회의 영역을 넓혀 준다. 즉, 연기의 회전 고리를 연장시키고 이어지게 한다.

눈은 윤회의 영역을 넓히며 귀, 코, 혀, 몸, 마음도 이와 마찬가지이다. 들을 때, 냄새 맡거나 먹을 때 그리고 몸에 접촉이 있거나 생각할 때 그것들을 멈추게 할 수 있는지 없는지 스스로 확인해 보라.

예를 들어 보자. 아름다운 대상을 보게 되었을 때, 보는 순간 당신은 멈추는가? 아니면 한 발자국 더 나아가 '그것을 좋아해. 갖고 싶다'라고 생각하는가? 당신은 그 자리에서 멈추지 않고 어떤 수단으로든지 그것을 가지려고 애쓸 것이다. 이것이 윤회의 재연결로써 연기의 고리를 늘리고 윤회의 영역을 넓히는 것이다. 나머지 다섯 가지 감각기관도 마찬가지이다.

"육입(六入)으로 인하여 촉[接觸]이 일어난다." 눈으로 인하여 눈의 접촉이 일어난다. 귀로 인하여 귀의 접촉이, 코로 인하여 코의 접촉이, 혀로 인하여 혀의 접촉이, 몸으로 인하여 몸의 접촉이,

마음으로 인하여 생각의 접촉이 일어난다.

"촉(觸)으로 인하여 수(受)가 일어난다." 눈의 접촉으로 인하여 눈에 의지한 느낌이 일어난다. 이와 같은 방식으로 각각의 감각 기관에 의존하여 귀의 접촉으로 일어난 느낌, 코의 접촉으로 일어난 느낌, 혀의 접촉으로 일어난 느낌, 몸의 접촉으로 일어난 느낌과 마음의 접촉으로 일어난 느낌이 있다

느낌[1]에는 세 가지 종류가 있는데 즐거움, 괴로움 그리고 덤덤한 느낌이 있다. 느낌을 다섯 가지로 나누면 즐거움, 괴로움, 정신적 즐거움, 정신적 괴로움, 덤덤한 느낌이 있다. 그러나 느낌은 세부적으로 더 많은 느낌으로 나눌 수 있다. 초보 수행자는 여섯 가지 감각기관에 접촉이 있을 때마다 반드시 어떤 종류의 느낌이 일어난다는 것을 알고 의도적으로 느낌을 찾지 말아야 한다. 왜냐하면 접촉이 있을 때마다 여섯 가지 감각기관에는 항상 어떤 종류의 느낌이든지 나타나기 때문이다.

"수(受)로 인하여 갈애(渴愛)가 일어난다." 만일 갈애가 눈에 보이는 대상으로 인해 일어난다면 이것은 형상에 대한 갈애이다.

---

1) 느낌(受. Vedanā)을 아픔이나 병과 혼동해서는 안 된다. 느낌의 종류에는 육체적 즐거움(Sukha), 육체적 괴로움(Dukkha), 정신적 즐거움(Somanassa), 정신적 괴로움(Domanassa), 덤덤함(Upekkha)이 있다.

그리고 소리에 대한 갈애, 냄새에 대한 갈애, 맛에 대한 갈애, 접촉에 대한 갈애, 생각에 대한 갈애가 있다.

"갈애(渴愛)로 인하여 집착[取]이 일어난다." 갈애로 인하여 움켜잡고 매달리는 압도적인 욕구, 즉 보다 더 큰 갈애인 집착이 일어난다. 집착은 네 가지로서 감각적 쾌락에 대한 집착, 그릇된 사견에 대한 집착, 그릇된 관습이나 의식에 대한 집착 그리고 자아에 대한 집착이 있다.

"집착으로 인하여 업의 생성(業의 生成)이 일어난다." 압도적인 욕구인 집착으로 인하여 신업, 구업, 의업이 일어난다. 이들 세 가지 업들이 도표 부분 3의 마지막 요소인 업의 생성이라고 불린다. 과거 원인의 연속인 첫 번째 부분에서의 행은 업의 형성[行]으로 이해되어야 한다. 『아비담마』 상가하에 따르면, 업은 스물아홉 가지의 선심과 불선심으로 이루어져 있다.^{주해3)}

"업의 생성(業의 生成)으로 인하여 생(生)이 일어난다." 생각과 말과 행위로 한 업으로 인해 다음 존재의 시작인 태어남이 일어난다. 그 어떤 태어남이든 시작은 재생연결식이다.

붓다께서 말씀하시길 "태어남은 고통이다"라고 하셨다. 인간, 천인, 범천 등 어떤 존재로 태어나든지 간에 태어남은 괴로움이라는 진리이다. 이제 수행자는 내생에 태어날 것을 바라고 갈망하는 것이 과연 바람직한 것인지 판단해야 한다.

태어남이 있는 곳에 따라오는 것들은 무엇인가?
무엇이 마지막으로 주어지는 것일까?

"생(生)으로 인해 노사(老死)가 있다." 즉, 태어남에는 필연적으로 늙음과 죽음이 뒤따른다.

분명한 것은, 태어남이 있을 때는 늙음, 병, 슬픔, 비탄, 고통, 비애, 절망 등 괴로움이 덩어리지어 따라온다는 것이다.

이것이 붓다의 가르침에 따라 살펴본 연기의 회전이다.

〈주해 1〉 윤회의 시작을 무명이라고 한다 : 그러나 윤회의 시작이 제1원인과 혼동되어서는 안 된다. 윤회의 시작은 무명으로 눈이 가려졌기 때문에 알 수가 없다. 또 불교적 관점에서 보면 윤회의 시작이 어느 날, 어느 시부터 시작되었느냐 하는 것에는 의미가 없다.

　시간은 문제를 해결하는 데 도움이 되지 않는다. 다만 무엇 때문에 윤회를 하게 되는가 하는 것이 문제 해결에 도움이 될 뿐이다. 윤회의 시작이 무명 때문이라고 말하는 것은 모르고 어리석기 때문에 윤회가 시작된다는 것으로, 이는 시간 개념의 차원을 뛰어넘은 것이다.

〈주해 2〉 무명으로 인하여 행이 일어난다 : 행은 과거에 형성된 행위로서 업을 말한다. 과거는 지금 이전과 전생을 포함한 것이다. 마음은 마음과 마음의 작용이라는 두 가지로 구성되어 있다. 마음의 작용은 모두 52가지인데, 느낌(受)과 인식(想) 두 가지를 포함한 50가지의 행(行)이 있다. 마음의 작용 52가지는 다음과 같다.

　1. 다른 것과 같아지는 마음의 작용(Aññasamāna) : 13가지
　　1) 모든 마음에 공통되는 것들(Sabbacitta-sādhārana) : 7가지
　　　(1) 촉(觸. phassa)　　　　　(2) 느낌(受. vedanā)
　　　(3) 인식(想. saññā)　　　　(4) 의도(思. cetanā)
　　　(5) 집중(一境性. ekaggatā)　(6) 생명력(命根. jivitindriya)
　　　(7) 주의(熟考. manasikāra)
　　2) 때때로 있는 것들(pakiṇṇaka) : 6가지
　　　(8) 주시(尋. vitakka)　　　(9) 조사(伺. vicāra)
　　　(10) 확신(信解. adhimokkha)　(11) 정진(精進. viriya)
　　　(12) 기쁨(喜悅. pīti)　　　　(13) 소망(欲. chanda)

2. 착하지 않은〔不善. akusāla〕 마음의 작용들 : 14가지

　1) 모든 착하지 않은 것의 공통되는 것들 : 4가지

　　　(14) 어리석음〔癡. moha〕　　　(15) 비양심적임〔無慚. ahirika〕

　　　(16) 수치심 없음〔無愧. anottappa〕 (17) 들뜸〔悼擧. uddhacca〕

　2) 때때로 있는 것들 : 10가지

　　탐욕에 관한 것들—

　　　(18) 탐욕〔貪. lobha〕　　　(19) 사견(邪見. diṭṭhi)

　　　(20) 자만〔慢. māna〕

　　성냄에 관한 것들—

　　　(21) 성냄〔瞋. dosa〕　　　(22) 질투〔嫉. īssā〕

　　　(23) 인색〔慳. macchariya〕　　(24) 후회〔惡作. kukucca〕

　　게으름에 관한 것들—

　　　(25) 해태(懈怠. thīna)　　　(26) 혼침(昏沈. middha)

　　기타—

　　　(27) 의심〔疑. vicikicchā〕

3. 깨끗한〔善. kusala〕 마음의 작용들 : 25가지

　1) 깨끗한 것에 공통되는 것들 : 19가지

　　　(28) 믿음〔信. saddhā〕　　　(29) 알아차림〔念. sati〕

　　　(30) 양심〔慚. hiri〕　　　(31) 수치심〔愧. ottappa〕

　　　(32) 무탐(無貪. alobha)　　(33) 무진(無瞋. adosa)

　　　(34) 중립〔捨. tatramajjhattatā〕

　　　(35) 몸의 평온〔身輕安. kāya passaddhi〕

　　　(36) 마음의 평온〔心輕安. citta passaddhi〕

　　　(37) 몸의 경쾌〔身輕性. kāya lahutā〕

　　　(38) 마음의 경쾌〔心輕性. citta lahutā〕

　　　(39) 몸의 유연〔身柔軟性. kāya mudutā〕

　　　(40) 마음의 유연〔心柔軟性. citta mudutā〕

　　　(41) 몸의 적응〔身適應性. kāya kammaññatā〕

　　　(42) 마음의 적응〔心適應性. citta kammaññatā〕

(43) 몸의 능숙[身能熟性. kāya pāguññatā]

(44) 마음의 능숙[心能熟性. citta pāguññatā]

(45) 몸의 바름[身律儀. kāya ujukatā]

(46) 마음의 바름[心律儀. citta ujukatā]

2) 절제[離. virati] : 3가지

(47) 정어(正語. sammā vācā)

(48) 정업(正業. sammā kammanta)

(49) 정명(正命. sammā ājīva)

3) 무량(無量. appamaññā) : 2가지

(50) 연민[悲. karuṇa]

(51) 같이 기뻐함[喜. muditā]

4) 어리석음 없음[不妄. amoha] : 1가지

(52) 통찰지의 기능[慧根. paññindriya]

수(受)와 상(想)을 제외한 이상 50가지의 선업과 불선업의 행(行)으로 인하여 식(識)이 일어난다. 이때 식은 한 일생을 새로 시작하는 재생연결식(再生連結識. 結生識)과 매순간 선행하는 의식(意識)을 말한다.

윤회는 한 일생이 거듭되는 윤회가 있고, 매순간의 흐름에 의한 윤회가 있다. 이처럼 12연기에서의 식(識)은 윤회하는 의식으로 전생과 현생을 연결하고, 현생과 내생을 또는 현재와 현재 이후를 연결하는 의식이다. 어떤 행(行)이냐에 따라 어떤 식(識)이 생기고, 다시 어떤 식이냐에 따라 명색(名色)이 생긴다.

연기적 구조에서는 선행하는 식(識)도 마음이고, 이러한 식에 의해 생기는 명색(名色)의 명(名)도 마음이다. 선행하는 마음이 동물의 마음일 때는 동물로 태어난다. 이것은 한 일생의 재생연결식이다. 또 인간으로 태어난 현재에 선행하는 마음이 동물과 같은 마음일 때는 그 순간 동물의 마음이 되며 몸도 동물과 같은 상태가 된다. 그래서 매순간의 마음에 따라서 매순간 새로운 몸이 만들어진다. 다시 말하자면 인간이 탐진치의 마음을 가질 때는 그 순간 동물적 본성만 작용하는 몸으로 바뀐다. 이것이 12연기의 오온이다.

<주해 3> 업을 형성하는 29가지 선심과 불선심

  1. 욕계의 해로운 마음 12가지

    1) 탐욕, 기쁨, 사견이 함께하고 자극받지 않음

    2) 탐욕, 기쁨, 사견이 함께하고 자극받음

    3) 탐욕, 기쁨이 있고 사견이 없고 자극받지 않음

    4) 탐욕, 기쁨이 있고 사견이 없고 자극받음

    5) 탐욕, 평온, 사견이 함께하고 자극받지 않음

    6) 탐욕, 평온, 사견이 함께하고 자극받음

    7) 탐욕, 평온이 있고 사견이 없고 자극받지 않음

    8) 탐욕, 평온이 있고 사견이 없고 자극받음

    9) 성냄, 불만족, 반감이 함께하고 자극받지 않음

    10) 성냄, 불만족, 반감이 함께하고 자극받음

    11) 어리석음, 평온, 의심이 함께함

    12) 어리석음, 평온, 들뜸이 함께함

  2. 욕계의 선한 마음 8가지

    13) 기쁨이 함께하고, 지혜가 있고, 자극받지 않음

    14) 기쁨이 함께하고, 지혜가 있고, 자극받음

    15) 기쁨이 함께하고, 지혜가 없고, 자극받지 않음

    16) 기쁨이 함께하고, 지혜가 없고, 자극받음

    17) 평온이 함께하고, 지혜가 있고, 자극받지 않음

    18) 평온이 함께하고, 지혜가 있고, 자극받음

    19) 평온이 함께하고, 지혜가 없고, 자극받지 않음

    20) 평온이 함께하고, 지혜가 없고, 자극받음

  3. 색계의 선한 마음 5가지

    21) 일으킨 생각과 지속적인 고찰과 희열과 행복과 집중을 가진 선한
      마음(색계 1선정)

    22) 지속적인 고찰과 희열과 행복과 집중을 가진 선한 마음(색계 2선정)

    23) 희열과 행복과 집중을 가진 선한 마음(색계 3선정)

    24) 행복과 집중을 가진 선한 마음(색계 4선정)

25) 평온과 집중을 가진 선한 마음(색계 5선정)

4. 무색계 선한 마음 4가지
   26) 공간에 걸림이 없는 경지에 속한 선한 마음(공무변처-무색계 1선정)
   27) 의식에 걸림이 없는 경지에 속한 선한 마음(식무변처-무색계 2선정)
   28) 아무것도 없는 경지에 속한 선한 마음(무소유처-무색계 3선정)
   29) 지각이 있는 것도 없는 것도 아닌 경지에 속한 선한 마음(비상비
      상처-무색계 4선정)

제9장

근본 원인인 무명과 갈애로 인한 연기의 회전

이 장은 도표를 참조하면서 보기 바란다.

윤회의 전 과정에 걸쳐 끝도 없이 죽음을 거듭하게 하는 주범은 바로 무명과 갈애다.

도표를 보면 무명과 갈애가 정중앙에 있는 것을 볼 수 있다. 무명은 사성제에 대한 무지이다. 갈애는 만나는 것들로부터 어떤 즐거운 것을 갈망하는 것이다. 그러므로 수행자는 연기의 시작이 무명과 갈애라는 점을 명심해야 한다.

오온이 존재할 때마다 항상 늙음과 죽음이 따라온다. 따라서 이러한 오온을 만들어내는 범인을 반드시 찾아내야 한다. 수행자는 이제 오온을 만드는 진짜 범인이 바로 무명과 갈애임을 분명하게 알아야 한다. 그래서 더 이상 오온을 간들지 않도록 근본 원인을 완전히 제거해야 한다.

또 무명과 갈애가 어떤 일을 하는지도 분명히 알아야 한다. 이미 말한 바와 같이 무명은 사성제에 대한 무지이다. 갈애는 만나는 것들로부터 어떤 즐거운 것을 갈망하는 것이다. 그뿐 아니라 무명은 업의 형성이 일어나는 원인이자 조건이며, 갈애는 집착이 일어나는 원인이자 조건이다. 또 업의 형성[行]은 현재 결과의 연속인 '식·명색·육입·촉·수' 즉 오온^{주해1)}의 원인이자 조건이 된다.

도표를 참조하기 바란다.

과거 원인의 연속인 부분 1에는 다섯 가지의 요소인 '무명·행·갈애·집착·업의 생성'이 있다. 과거 원인의 연속으로부터 현재 결과의 연속으로 불리는 부분 2가 나온다. 이것은 '식·명색·육입·촉·수'로 이루어져 있으며, 이 현재 결과의 연속된 모습이 바로 우리 자신의 오온이다.

더 자세히 보면 부분 2인 현재 결과의 연속으로부터 부분 3인 미래 원인의 연속 또는 현재 원인의 연속이 일어난다는 것을 알 수 있을 것이다.^{주해2)} 이 부분은 '갈애·집착·업의 생성·무명·행'으로 이루어져 있다. 성제로 구분지어 본다면, 이들은 집제에 속한다. 다시 부분 3으로부터 부분 4인 '식·명색·육입·촉·수'로 이루어진 미래 결과의 연속이 생겨나고, 이것은 고제로 분류할 수 있다.

분명한 것은 과거 원인의 연속으로부터 현재 결과의 연속이 일어나고, 현재 결과의 연속으로부터 다시 현재 또는 미래 원인의 연속이 일어난다는 것이다. 또한 미래 원인의 연속으로부터 미래 결과의 연속이 일어난다. 다시 미래 결과의 연속은 다시 과거 원인의 연속이 되어 현재를 불러온다. 이처럼 현재는 미래를, 미래는 다시 과거를 불러온다. 연기의 고리, 윤회 또는 매순간 현상이 일어나고 사라지는 과정은 이렇게 끝없이 순환을 계속하고 있다.

연기를 성제(聖諦)로 보면, 도표 부분 1의 괴로움의 원인이 부분 2의 괴로움을 불러일으키고, 부분 2의 괴로움이 다시 부분 3의 괴로움의 원인을 일으킨다. 부분 3의 괴로움의 원인은 다시 부분 4의 괴로움을 일으킨다. 이처럼 연기의 과정과 함께 성제의 과정도 반복되고 있다. 이와 똑같이 시제(時制)로 보면, 부분 1의 과거는 부분 2의 현재가 되고, 현재는 미래가 되며, 미래는 과거가 되고, 과거는 현재가 되는 끝이 없는 순환의 과정이 계속되고 있다.

인간은 무지로 인해 선하거나 선하지 않은 온갖 종류의 행위를 하고 이로 인해 괴로움의 진리일 뿐인 오온을 얻게 된다. 다시 무명에 이끌리고 갈애에 의해 내몰린 범부는 자신의 물질적인 이득이나 가족의 이익을 위해 온갖 종류의 행의를 저지른다. 이러한 행위로 인해 비참한 존재의 세계인 사악도로 가게 된다. 또 한편으로는 보다 나은 존재로 태어나게 이끌어 주는 선한 행위를 하기도 한다.

우리의 일상생활을 보자.

A는 본다. 욕망을 느낀다. 가지고 싶은 욕망에 압도된다. 그리하여 가지려고 애를 쓴다. 결국 무언가를 얻게 되며, 그것은 바로 연기에 따르자면 새로운 태어남이다. 태어남이 있으면 다시 무명과 갈애에 지배받고 영향을 받게 된다. 이렇듯 태어남은 한 일생의 태어남뿐만 아니라 매순간의 태어남도 있다.

이렇게 부분 1은 부분 2를 연결하고, 부분 2는 다시 부분 3을 연결한다. 부분 3으로부터 다시 부분 4가 일어난다. 이런 방식으로 연기의 회전은 끝없이 계속된다. 하나의 완전한 회전 뒤에 또다시 새로운 회전이 일어나고, 이렇듯 끝없는 과정이 무한히 반복된다. 우리 모두는 이 길을 벗어나려고 하는 단 한 번의 시도도 하지 않은 채로 이러한 인과관계 속에 놓여 있다. 만일 우리가 시도를 했더라면 지금 이 모습으로 존재하지는 않았을 것이다.

도표를 참조하기 바란다.

독자들은 현재 자신이 어느 부분에 속해 있는지를 살펴보기 바란다. 말할 것도 없이 그 답은 '식·명색·육입·촉·수'인 오온이자 고제에 해당하는 부분 2일 것이다.

과거 원인의 연속인 '무명·행·갈애·집착·업의 생성'으로 인하여 현재 결과의 연속인 오온이 일어난다. 그러므로 부분 1은 집제인 반면 부분 2는 고제이며, 단지 이들 두 개의 성제만이 계속된다.

한편 도제(道諦)와 멸제(滅諦)는 보이지 않게 가려져 있다. 드러나 있지 않은 이들 두 성제는 바른 길로 이끌어주는 믿을 만한 스승에게 가까이 가려고 스스로 노력하지 않는 한 우리로부터 멀리 떨어져 있다.

이제 독자는 이들 도제와 멸제의 두 출세간의 진리를 얻고자 하는 결심을 다지기 바란다. 고 대장로 모곡 사야도께서 하신 법문 속에서 우리는 이런 결심을 다질 수 있을 것이다. 올바른 길에 의한 청정행인 위빠사나 수행을 통하여 도제와 멸제를 깨달아 연기의 바퀴살, 바퀴대, 테두리, 축과 바퀴통을 부술 수 있기를 바란다. 또한 수행자는 이 9장을 반복적으로 읽어 연기법을 완전히 숙지할 수 있기를 바란다.

〈주해 1〉오온(五蘊) : 일반적으로 말하는 오온은 색온(色蘊)·수온(受蘊)·상온(想蘊)·행온(行蘊)·식온(識蘊)이다. 그러나 12연기에서는 오온을 다르게 분류한다. 연기에서는 정신과 물질이 원인과 결과에 의해 진행되는 과정으로 식(識)·명색(名色)·육입(六入)·촉(觸)·수(受)를 오온으로 분류한다.

선행하는 마음[識]에 따라 어떤 정신과 물질[名色]을 갖는 것이 결정되고, 몸과 마음에는 감각기관인 안·이·비·설·신·의라는 육입(六入)이 있고, 이 육입은 다시 색·성·향·미·촉·법이라는 육경과 부딪치고[觸], 이 부딪침으로 인해 느낌[受]이 일어난다. 이들 다섯 가지는 현재에 있는 것으로 12연기의 오온이다.

〈주해 2〉도표를 살펴보자. 부분 2는 현재의 결과로서 현재 가지고 있는 오온이다. 부분 3의 갈애·집착·업의 생성은 현재의 원인이 되기도 하고 미래의 원인이 되기도 하는 두 가지 측면을 가지고 있다. 부분 3의 갈애·집착·업의 생성은 부분 2의 현재의 오온에 직접 영향을 주는 원인이 되기도 하고, 부분 4의 미래에 영향을 주는 원인이 되기도 한다. 그래서 도표에 현재+미래의 원인으로 표기했다.

제10장
연기의 수레바퀴를 이루는 것들을
분해하고 부수는 방법

수레바퀴를 본 적이 있을 것이다. 수레의 한가운데에 바퀴살이 모인 중심부분인 바퀴통이 있다. 이것은 무명과 갈애를 상징한다. 네 개의 바퀴살^{주해1)}이 있는데, 이것은 네 가지 종류의 태어남을 말한다.

첫째, 욕계 공덕행[欲德行]

둘째, 색계 공덕행[色德行]

셋째, 공덕이 없는 행[非德行]

넷째, 부동행(不動行)

바퀴의 테두리는 노사(老死)를 의미한다. 바퀴를 튼튼하고 내구성 있게 만들려면 바퀴살 한쪽은 테두리에 맞추고 다른 쪽은 바퀴통에 잘 맞추어 바퀴를 구성하는 부분들이 부러지거나 흩어지지 않게 해야 한다. 이렇게 바퀴통, 바퀴대, 축, 살과 테두리라는 다섯 부분이 모여 하나의 완전한 바퀴를 구성한다.

어떤 사람이 다음 생에 천상의 왕과 같은 지위를 가진 보다 높은 존재로 태어나고 싶은 의도를 가지고 보시를 하고 계를 지킨다면, 이는 연기에 따라 욕계 공덕행이 된다. 반면 어떤 사람은 자기 자신이나 가족을 위해 온갖 종류의 악한 행위를 저지르기도 한다. 이 경우는 공덕이 없는 행으로서, 반드시 지옥, 축생, 아귀, 아수라계의 사악도에 태어나는 원인이 된다.

또 어떤 사람이 색계 범천의 지위를 얻고자 하는 의도로 사마타 선정 수행을 하는 경우는 색계를 향한 공덕을 짓는 색계 공덕행에 해당된다. 또 어떤 색계의 수행자가 물질을 싫어하여 무색계 범천의 지위를 얻고자 하는 의도를 가지고 무색계 선정 수행을 하는 경우, 이를 움직임이 없는 행 또는 부동행이라고 한다.

이들 네 가지 행(行) 중 하나를 통해 높은 존재로 올라가거나 낮은 존재로 내려가더라도 이 여정은 결국 늙음과 죽음의 틀 안에 갇혀 있다. 달리 말하자면 이들 행위들은 제한되고 조건 지어진 31개의 세간^{주해2)}의 영역 안에서 이루어질 뿐이다. 색계의 존재로 올라간 자라 할지라도 노사의 테두리 바깥으로 벗어날 수는 없다. 사마타 수행의 공덕에 의해 무색계 선정에 이른 자의 경우

에도 최종적으로 닿는 곳은 같은 테두리인 늙어서 죽는 노사(老死)
이다.

조건 지어진 세간(원인과 결과에 의한 세계)에서 행해지는 그 어떤
행위도 노사의 수중에서 벗어날 수가 없다. 어떤 세계, 어떤 영역
에 다시 태어난다 할지라도 늙음과 죽음은 면할 수가 없다. 그렇
기에 다음 생에서 보다 나은 지위를 얻기 위해 행하는 선한 행위
는 결국 노사의 문턱에 도달하게 할 뿐이다. 여기에 노사로부터
벗어날 출구는 없다.

생각과 말과 행위로 짓는 부도덕하거나 건전하지 못한 불선한
행위 또한 이 바퀴살 중의 하나를 이룬다.

색계나 무색계가 열반이라고 잘못 믿고 있는 이들은 선정과 신
통력을 집중적으로 닦는다. 선정을 닦는 수행자가 괴로움의 근원
인 물질에 대해 집중하여 무색계선정을 이룰 때 이 또한 바퀴살
중 하나를 이룬다.

도표를 살펴보면 번뇌를 상징하는 바퀴대가 남아 있다.
"번뇌가 일어나기 때문에 무명이 일어난다." 이 번뇌의 바퀴대
는 이미 바퀴에 맞춰져 있는 네 개의 바퀴살과 함께 바퀴통에 고
정되어 있다. 이제 수레바퀴는 돌 수가 있다. 바퀴가 돌면 하나의

바퀴살은 왼편으로, 또 하나는 밑으로 내려가고, 또 하나는 오른 쪽으로 가는 것을 피할 수가 없다.[주해3)]

어디를 가든 이제 바퀴살들은 테두리 바깥으로 벗어날 수가 없는 것이다. 범천의 세계나 천계 혹은 인간계 어디에 있든 이 길에서 범부가 윤회로부터 벗어날 출구는 어디에도 없다. 윤회의 바퀴는 오온을 끌고 제 갈 길을 따라 끊임없이 돌고 있을 뿐이다. 그러므로 오온이 어디에 닿든 정해진 종착지는 늙음과 죽음뿐이다.[주해4)]

이제 다시 성제(聖諦)의 관점으로 살펴보자.

괴로움의 원인[集諦]인 무명과 갈애는 괴로움[苦諦]인 오온을 조건 짓는 주범들이다. 윤회의 전체 과정에서 볼 때 집제와 고제는 우리와 함께하고 있지만 도제(道諦)와 멸제(滅諦)는 찾아볼 수 없다. 그러기에 우리는 괴로움의 원인인 집(集)과 괴로움인 고(苦)의 영역 바깥으로 벗어날 수 없다.

분명한 것은 우리가 의도적으로 도(道)와 멸(滅)의 길을 피해 왔으며, 귀중한 시간을 바쳐 연기가 도는 시간을 늘려 왔다는 사실이다. 이것은 바로 고통의 기간을 연장시켜 온 것이라고 할 수 있다.

다시 도표를 보기 바란다.

무명·갈애·집착은 번뇌의 굴레이다.[주해5)]

범부가 짓는 모든 업의 생성의 결과로 과보의 굴레인 오온이 일어난다. 즉, 업의 굴레로 인하여 다시 과보의 굴레가 일어난다. 이것이 바로 끝없는 윤회의 순환 과정이 다시 시작되는 모습이다.

성제의 관점에서는 집제와 고제의 순환이 있다.

굴레의 관점에서 볼 때는 번뇌의 굴레와 업의 굴레 그리고 과보의 굴레의 순환이 있을 뿐이다.

공간과 시간의 관점에서 볼 때는 과거, 현재, 미래의 반복이 있다.

이제 우리는 연기의 고리가 깨어질 때만이 윤회의 굴레에서 벗어날 수 있다는 것을 알아야 한다. 연기의 그리가 재연결되는 한 고통의 기간은 연장될 뿐이다.

윤회하는 기간을 짧게 하고 싶다면 우리는 세 가지 굴레에서 벗어나는 길을 찾아 괴로움의 원인과 괴로움을 극복해야 한다.

수행자가 이번 생에서 법문을 듣거나 책을 읽어 연기와 사성제에 대한 큰 지혜를 얻을 기회를 얻었다면 반드시 연기의 수레바퀴를 이루는 테두리와 바퀴통, 축, 막대와 바퀴살을 부서뜨리려는 결심을 해야만 한다.

　윤회에서 벗어나기를 진정으로 바라는 수행자일지라도 단순한 바람만으로 도와 과를 얻을 수는 없다. 위빠사나 수행[八正道]을 통해서만 무명을 밝은 지혜로, 갈애를 바라지 않음으로 바꾸어 해탈이라는 마지막 목적을 이룰 수 있다.

　다음 장부터는 해탈의 길에 대해서 다룬다.

주해(註解)

〈주해 1〉 네 개의 바퀴살은 윤회하는 세계에서 네 가지 종류의 태어남을 말한다.
첫째, 욕계 공덕행〔欲德行. kāma puññābhisaṅkhāra〕: 인간으로 태어나거나 욕계 천인으로 태어난다.
둘째, 색계 공덕행〔色德行. rūpa puññābhisaṅkhāra〕: 천상의 색계 천인으로 태어난다.
셋째, 공덕이 없는 행〔非德行. apuññābhisaṅkhāra〕: 사악도의 지옥, 아귀, 아수라로 태어난다.
넷째, 부동행(不動行. ānañjābhisaṅkhāra): 부동행은 무색계 공덕행이다. 그래서 천상의 무색계 천인으로 태어난다. 무색계는 몸은 존재하지 않고 네 가지 정신현상만 존재한다. 이 세계에서는 오랜 세월 동안 움직임이 없는 행이라서 부동행이라고 한다.
이상 네 개의 바퀴살로 태어나는 것은 12연기 안에서 윤회를 거듭하며 태어나는 것을 말한다. 이외에 다른 태어남은 없다.

<주해 2> 31개의 세간〔三十一天〕: 살아 있는 생명〔有情〕이 생사유전(生死流轉)하는 미망의 세계를 세 단계로 나누는데, 욕계(欲界. kāmavacara), 색계(色界. rūpāvacara), 무색계(無色界. Arūpāvacara)의 3계가 있다. 유정(有情)들이 윤회하면서 존재하는 세계이므로 3유(三有)라고 하고, 괴로운 곳이므로 고계(苦界)라고도 하며, 괴로움이 바다처럼 끝이 없기에 고해(苦海)라고도 한다.
(1) 욕계 : 3계 가운데 가장 아래에 있으며 성욕·식욕·수면욕 등의 세 가지 욕망을 가진 생명들이 사는 곳이다. 윤회 가운데 있는 여섯 가지 존재 모습 중 지옥(地獄)·축생(畜生)·아귀(餓鬼)·아수라(阿修羅)·인간(人間) 등 다섯 가지와 사천왕천(四天王天)·도리천(忉利天, 三十三天)·야마천(夜摩天)·도솔천(兜率天)·화락천(化樂天)·타화자재천(他

化自在天) 등의 6욕천(六欲天)이 여기에 속한다.

(2) 색계 : 욕계 위에 있는 세계로서 천인(天人)이 거주하는 곳을 말한다. 이 세계에 거주하는 생명들은 음욕을 떠나 더럽고 거친 색법에는 집착하지 않으나 청정하고 미세한 색법에 묶여 있으므로 색계라 한다. 즉, 물질적인 것은 있어도 감관의 욕망을 떠난 청정한 세계로 남녀의 구별이 없다. 사선천(四禪天) · 사정려처(四定慮處)라 한다.

(3) 무색계 : 물질세계를 초월한 세계로서 물질을 싫어하며 벗어나고자 하여 사무색정(四無色定)을 닦은 사람이 죽은 뒤에 태어나는 천계(天界)를 말한다. 물질적 존재나 처소가 없기 때문에 공간적 개념을 초월한다. 그러나 과보(果報)의 우열에 따라서 공무변처(空無邊處) · 식무변처(識無邊處) · 무소유처(無所有處) · 비상비비상처(非想非非想處)의 네 가지로 나뉜다. 네 개의 무색계 세계를 사무색천(四無色天) 또는 사무색처(四無色處)라고 한다.

중생들의 세계를 총칭하는 3계는 여러 세계로 분류되고, 각각의 세계에 따라 수명이나 고통의 정도가 다르나 모두 윤회의 과정에 있는 고해라는 점에서는 같다고 할 수 있다.

<주해 3> 네 개의 바퀴살은 각기 다른 세계에서 태어남을 말하며, 이 하나의 바퀴살의 태어남이 회전하는 것은 다른 바퀴살의 태어남도 함께 회전하게 되는 것을 뜻한다. 그러므로 자신만 윤회하는 것이 아니다.

<주해 4> 하나의 바퀴살로 태어나서 생명이 진행되다 마지막에 다다르는 곳은 바퀴 테의 노사(老死)이다. 31천(天)에 사는 모든 생명들은 바퀴살로 태어나서 바퀴 테에 이르러 늙어서 죽게 되고 다시 바퀴살로 태어나는 것을 반복하게 되는데 이것이 윤회이다. 이와 같은 윤회로부터 벗어나는 출구를 찾는 것은 붓다가 스스로 체험한 뒤에 밝힌 위빠사나 수행으로만 가능하다.

<주해 5> 도표 부분 1의 무명이 부분 3의 갈애와 집착으로 선이 연결되어 있다. 이는 무명과 갈애와 집착이 하나의 조건을 형성하여 번뇌의 굴레를 이루는 것을 알 수 있다.

제11장

연기의 길을 따르는 자는
눈먼 자의 길을 따르는 자이다

사성제(四聖諦)에 대한 무지를 무명(無明)이라 하며, 무명이란 구름에 시야가 가려진 자를 범부(凡夫)^{주해1)}라고 한다.

범부에는 두 종류가 있는데, 바로 눈먼 자^{주해2)}와 선한 자이다. 범부의 마음은 항상 들떠 있고 여기저기로 방황한다.

사성제를 모르는 눈먼 범부는 마치 어둠 속에서 아무것도 보지 못하는 것과 같아서 함정을 피할 수가 없다.

내생에서 보다 높은 지위를 얻어 천인이나 범천이 되고 싶어 하는 자는 공덕을 짓는 행[德行]을 한다. 이는 오른쪽 다리로 걸어가는 것이라고 할 수 있다.

빠르게 부자가 되고 싶은 욕망에 사로잡혀 있는 자는 자신과 가족을 위해 온갖 종류의 덕이 없는 부도덕한 행위[非德行]를 저지른다. 이것은 왼쪽 다리로 걷는 것이라고 할 수 있다.

이는 사성제에 대한 무지, 곧 무명으로 인해 이러한 행위들을 하는 것이다. 그 행위는 마치 눈먼 자의 걸음걸이와 같다. 눈이 멀었다고 하는 것은 사성제에 대한 무지로 무명을 말하며, 이것은 선한 행을 하는 오른쪽 다리와 선하지 못한 행을 하는 왼쪽 다리로 걷는 것과 같다.

만일 어떤 자가 오온은 괴로움의 진리로서 비참하고 혐오스럽고 괴로움이 가득하며 바람직하지 못하다는 것을 분명하게 알고 나서 보시(布施)^{주해3)}를 한다면 이는 바른 보시라고 할 수 있다. 왜냐하면 오온이 바로 괴로움이라는 진리를 알고 행하는 보시이기 때문이다. 이러한 보시가 바로 흑과 백이 뒤섞이지 않은, 윤회를 벗어난 선(善)이다.

어떠한 기대도 없이 또 내생에 보다 나은 지위를 얻고 싶다는 바람이 없이 행하는 보시는 윤회의 힘을 멈추겠다고 하는 소망을 드러내는 것이다. 즉, 다음 생에 어떤 형태로든 오온을 갖지 않겠다는 것이다. 이것은 윤회를 벗어난 선업으로 윤회를 가져오는 업의 힘을 깨부술 수 있다.

이 시점에서 한 가지 의문이 일어날 수 있다. 길고 긴 윤회의 길에서 인간은 열반을 얻기 전까지는 비참한 존재로 떨어질 수도 있다. 그렇다고 한다면 내생에 보다 높은 천계에서 천신이나 범천의 왕으로 태어나 번영과 행복을 누리는 것이 두슨 의미가 있다는 것인가?[1]

여기에서 분명하게 알아두어야 할 것이 있다. 일반적으로 보시를 행하는 자는 '나'이며, 다음 생에서 보시의 과보를 거두는 것도 같은 '나'라고 믿고 있다. 이러한 믿음 안에는 그릇된 견해인 '나' 혹은 '자아'의 개념이 있다. '내'가 베푸는 자이고 또 '내'가 공덕의 이득을 받는 자라는 견해는 자아가 영원하리라고 믿는 상견이다. 독자들은 이러한 관점을 경계해야 한다. 왜냐하면 선업인 보시 안에 두 가지 불선한 것이 함께 섞여 있기 때문이다. 즉, 이익을 거두려고 하는 욕망인 갈애와 '내'가 그 이익을 받는다고 보는 사견(유신견과 상견의 혼합)이 서로 섞여 있다. 이러한 사견은 아득한 옛날부터 인간을 지배해 왔기 때문에 쉽게 제거할 수 없다.

---

1) 좋은 행위는 항상 좋은 과보를 받는다. 이 말이 의미하는 바는 다음 생에 보다 나은 지위나 부를 부수적으로 바라거나 소원하지 않고 보시나 지계를 행할 때라도 좋은 행위는 당연히 좋은 과보를 맺는다는 것이다. 씨는 뿌린 대로 거두는 것이다.

의심할 여지없이 보시는 유익한 행위인 선업이다. 그러나 보다 높은 지위를 얻으려고 하는 욕망은 갈애이다. 그러므로 이때의 업은 하얀 업과 검은 업이 뒤섞인 업[混合業]^{주해4)}이 된다. 즉, 유익한 행위인 선업은 하얀 업이며, 다음 생에 보다 높은 지위를 얻고자 하는 욕망은 검은 업이기 때문에, 이를 일러 뒤섞인 업이라고 한다.

이처럼 뒤섞인 업으로 인해 얻는 이익은 용왕(龍王)이나 고귀한 흰색 코끼리나 왕족 등으로 태어난다고 전해진다.

그러므로 이제 수행자들은 이렇게 뒤섞인 업이 과연 바람직한 것인지, 아니면 그렇지 못한지를 판단할 필요가 있다.

다시 눈먼 자의 걸음을 보도록 하자. 눈이 멀었다는 것은 사성제에 대해 무지하다는 것이다. 오른쪽 다리와 왼쪽 다리로 걷는다는 것은 공덕을 짓는 행과 공덕이 없는 행을 함께 한다는 의미이다. 오른쪽 다리로 걷는 것은 인간이나 천인의 오온(五蘊)을 얻게 하는데, 이는 다름 아닌 괴로움의 진리일 뿐이다.^{주해5)} 왼쪽 다리로 걷는 것은 비참한 존재계의 오온을 얻게 한다.

그리하여 눈먼 자[凡夫]는 방향도 없이 걸으며 도달하는 곳도 없다. 행하는 모든 일은 무지와 함께 이루어져 연기의 길을 걷게 될 뿐이다.

"행으로 인하여 식이 일어난다." 여기에서 식은 재생연결식(再生連結識)을 의미한다. 눈먼 자가 걸어갈 때, 그는 태어남이라는 괴로움의 구덩이에 빠져 넘어진다. 태어남을 얻으면 재생 연결로 인하여 온갖 종류의 괴로움도 함께 얻는다.

우리가 어머니의 자궁 안에서 9개월간 오줌과 똥 사이에 무릎을 구부린 채 팔꿈치 하나 제대로 뻗칠 공간도 없이 온몸이 눌려 고통 받았던 것을 기억한다면 이 말을 실감할 수 있을 것이다.

"행으로 인하여 식이 일어난다." 이것은 현생의 시작이 태어나는 것임을 말한다. "식으로 인하여 명색이 일어난다." 이는 태어남으로 인하여 정신과 물질이 생겨난다는 것이다. 이것은 눈먼 자가 굴러 떨어져 상처를 입는 것을 의미한다.

비유하자면 눈먼 사람이 넘어질 때 그저 보통으로 가볍게 넘어지는 것이 아니라 곤두박질치듯 넘어져 몸을 다치는 것을 뜻한다. 이렇게 생성되는 정신도 '상처'이며, 물질도 '상처'이고, 이것이 바로 괴로움과 불만족이다. "오취온(五取蘊)^{주해6)}은 괴로움이다." 오온은 그 자체가 괴로움의 진리이다.

"명색으로 인하여 육입이 일어난다." 위의 상처를 비유로 계속해서 보자면, 그 상처는 전염성이 있어 온몸으로 퍼지는 것이라고 할 수 있다. 따라서 눈이라는 상처, 귀라는 상처, 코라는 상처, 혀라는 상처, 몸이라는 상처와 마음이라는 상처가 된다.

붓다께서는 "오온은 상처이고 병이며 학질이고 따끔거리는 가시와 같은 것이다"라고 단언하셨다.

"육입으로 인하여 촉이 일어난다." 눈이 있기 때문에 보는 기능을 해야만 한다. 귀가 있기 때문에 듣는 기능을 해야만 한다. 코가 있기 때문에 냄새 맡는 기능을 해야만 한다. 혀가 있기 때문에 맛을 보는 기능을 해야만 한다. 몸이 있기 때문에 닿음을 아는 기능을 해야만 한다. 마음이 있기 때문에 생각하는 기능을 해야만 한다.

대상과 감각기관의 부딪침이 있는 어느 때 어느 곳에서나 탐심과 성냄, 정신적 괴로움과 즐거움 그리고 덤덤함이 일어난다.

이는 마치 눈먼 자가 길을 걷다가 발을 잘못 내딛어 비틀거리다 넘어지고 다쳐서 온몸이 상처투성이가 되는 것과 같다. 육입으로 인하여 접촉이 일어난다는 것은 눈먼 자가 다시 가시에 찔려 상처가 나고 상태가 더욱 나빠지는 것을 뜻한다.

이때 눈먼 자는 심하게 넘어진다. 고통도 심하다. 괴로움도 심하다. 이러한 심각함이 무명이다.

무명을 우두머리로 하고 갈애를 동반자로 하여 범부는 갈애가 시키는 대로 갖은 악행을 저지른다. 결국 괴로움의 원인[集]으로 인하여 괴로움[苦]이 일어나는 것이다.

"윤회의 과정에는 오로지 불만족과 괴로움의 무더기가 있을 뿐이다."

더 나아가 눈먼 자가 가시에 찔리면 그 결과로써 느낌이 나타난다. "촉으로 인하여 수가 일어난다." 느낌은 대상과 감각기관, 의식이라는 세 가지 현상의 부딪침이 있으면 언제 어디에서나 일어난다. 느낌은 보이는 대상이 있을 때, 소리가 들릴 때, 냄새를 맡을 때, 음식을 먹을 때, 몸에 닿을 때 그리고 무언가를 생각할 때 항상 일어난다.

우리는 온갖 종류의 느낌이 일어나는 것을 경험한다. 또 96가지의 질병에 시달리도록 되어 있다. 그래서 도표 부분 2의 전 과정인 오온이 괴로움의 진리라는 것을 알 수 있다.

무명이 지혜가 될 때만 우리는 괴로움의 진리를 있는 그대로 꿰뚫어 볼 수 있다. 그리하여 "눈[慧眼]이 일어났다. 지혜가 일어 났다. 밝음이 일어났다"라고 말한다.

다시 눈먼 자의 경우를 보자. 눈먼 자는 고통을 덜고 상처를 치료하기 위해서 약을 찾을 것이다. 약을 찾으려 아무리 애써도 눈먼 자가 적절한 치료약을 찾아내기란 매우 힘들다. 무명에 덮 이고 진리에 대해 무지한 자가 적절한 치료약인 진리를 찾아낼 수 없다는 것이다.

기나긴 윤회의 여정에서 치료약을 찾기 위한 시도는 열매를 맺 지 못했고, 과거 생과 마찬가지로 이번 생에서도 실패했다.

우리는 윤회의 소용돌이 속에서 끊임없이 돌고 도는 존재일 수 밖에 없었다.

앞에서 말한 것들이 과연 윤회의 여로에서 우리 자신에게 일어 났던 일이 맞는지 스스로 살펴보기 바란다.

도표 부분 1의 과거 괴로움의 원인으로 인하여 이 현생의 모든 괴로움이 있다. 이것이 바로 괴로움의 원인과 괴로움의 연결이다.

즐거운 느낌이 있다고 가정해 보자. 어떤 사람이 높은 지위와 많은 수입에 좋은 집과 차를 가지고 있다고 하자. 이러한 현재의 지위에 집착하고 있다면 그에게는 갈애가 있는 것이다. 그래서 즐거운 느낌으로 인하여 갈애가 일어난다. 드표를 보면 부분 2와 부분 3이 다시 연결되어 있다.

다시 눈먼 자의 경우를 보자. 치료약을 찾고 있는 눈먼 사람이 적절한 약은 아니더라도 어떤 다른 약을 구할 수도 있을 것이다. 그 약을 먹거나 바르거나 하여도 결국 상처가 낫기보다는 악화되기만 할 것이다.

연기로 보면 이는 '집착으로 인하여 업의 생성이 일어난다'에 해당한다. 집착으로 인하여 생각과 말과 행위라는 세 가지 업이 일어난다. 보시를 할 때마다 내세에 보다 부유한 이가 되거나 천신으로 다시 태어나게 해달라고 기원한다. 더 나아가 아들과 딸, 아내 그리고 자기 자신을 포함한 온 가족이 미래 생 내내 함께하기를 기원한다.

이것이 사성제에 대하여 무지한 보통 사람들이 행하는 그릇된 행위의 예이다. 이는 넘어져서 상처가 나고 곪은 데다 가시에 찔리기까지 해서 치료약을 구하더라도 결국 잘못된 약을 눈먼 자에 비유할 수 있을 것이다.

사성제에 대해 알지 못하고 윤회의 여정을 따라 앞으로 나아가는 자는 연기에 의해 윤회의 소용돌이 속으로 더욱더 휘말려 들어갈 뿐이다. 눈먼 자는 올바른 길에 관한 진리[道締]인 팔정도(八正道[주해7])를 전혀 모른다. 팔정도는 정견(正見)·정사유(正思惟)·정어(正語)·정업(正業)·정명(正命)·정정진(正精進)·정념(正念)·정정(正定)이다.

대장로 모곡 사야도께서 설하신 사성제에 대한 법문을 듣고 책으로 읽을 수 있는 것은 큰 행운이다. 우리는 이 법문을 통해 연기와 사성제에 관한 상당한 지식을 얻을 수가 있다.

수행자들은 끝없는 윤회의 연결고리를 바로 이번 생에서 끊겠다고 하는 강한 열망을 가져야 한다. 이러한 믿음을 가진 자는 12연기 법문을 듣고 책을 읽어 사성제의 진리를 접할 수 있는 좋은 기회를 만날 수 있다. 12연기 법문을 도표와 함께 들을 수 있는 것은 미얀마의 만달레이, 모곡, 아마라뿌라 등 여러 지역에서 가능하다.[주해8]

다시 한 번 강조하지만 고 대장로 모곡 사야도께서 일생 동안 설하신 사성제와 연기법에 관한 법문을 통해 최상의 이익을 얻고자 하는 마음을 가지기 바란다.

주해(註解) ●

〈주해 1〉 범부(凡夫. Puthujjanna) : 보통 사람, 평범한 사람, 평균적인 사람, 사성
제 진리에 대해 모르는 사람, 번뇌에 얽매여 생사를 초월하지 못하는 사
람을 범부라고 일컫는다.

<주해 2> 눈먼 자(Andha) : 눈을 뜨고도 진리를 알지 못하는 자. 어리석은 자 또
는 먼지가 묻은 자라고도 한다.

<주해 3> 보시(布施. Dāna) : 자선, 증여, 관대함을 말한다. 보시는 선한 마음으
로 하는 행으로 먼저 관용이 생겼을 때 자연스럽게 나타나는 행위이다.
보시는 두 가지가 있다.
첫째, 재시(財施. āmisadāna)는 재물을 보시하는 것
둘째, 법시(法施. dhammadāna)는 법을 설하는 것

<주해 4> 뒤섞인 업〔混合業. missaka kamma〕 : 보시는 선업이지만 갈애는 꼭 선
업이라고 말할 수 없다. 갈애는 무엇을 바라는가에 따라 순수한 선업이
아닐 수 있다. 보시의 업과 무엇인가를 바라는 갈애의 업은 각기 다른
내용이지만 함께 있을 때는 두 가지가 혼재해 있는 것이다. 혼재와 혼합
은 다른 것이지만 편의상 혼합이라고 한다.
엄밀한 의미에서 선업과 불선업은 섞이지 않는다. 선업은 선과보를 받
고, 불선업은 불선의 과보를 받는다. 불선업에 의해 불선의 과보를 받았
을 때 고통 속에서 계속 비참한 행위를 일으키는 것은 받은 불선의 과
보에 새로운 불선업을 만드는 것이다. 그러나 이때 선업에 의한 선과보
가 작용하여 괴로움을 잊기 위해 수행을 한다든가 다른 선한 마음을 가
질 수도 있다. 그래서 선한 업을 만들어두어야 하는 것이다.

제11장 연기의 길을 따르는 자는 눈먼 자의 길을 따르는 자이다_131

<주해 5> 인간이나 천인으로 태어나게 하는 오른쪽 다리로 걷는 것이나 사악도
에 떨어지는 왼쪽 다리로 걷는 것이나 똑같이 윤회의 세계 안에서 생사
를 거듭하고 있는 것이다. 두 다리로 걷고 있다는 것은 연기의 순환을
거듭하는 것이며, 윤회가 계속되는 것을 말한다. 끝없는 고난의 길을 두
다리로 걷지 않는 것이 열반을 의미하며 윤회를 끝내는 것이다.

그러나 윤회를 끝내고자 하는 마음은 삶이 괴로움이라는 것을 통찰했을
때 필요한 지혜이다. 아직 지혜가 성숙되지 않은 상태에서는 윤회하지
않는다는 것에 대해서 두려움을 가질 수 있다. 그래서 이러한 지혜는 수
행을 통해서만이 단계적으로 이해될 수 있고 성취될 수 있는 것이다.

<주해 6> 오취온(五取蘊. upādānakkhandha) : 몸과 마음의 다섯 가지 집착의 무더기를
오취온이라고 한다. 이는 색(色)·수(受)·상(想)·행(行)·식(識)의 오온이
자아 또는 나의 것이라고 생각하여 집착하는 것을 말한다.

오취온은 번뇌에서 오온이라 하는 몸과 마음이 생겨나고, 다시 오온에
서 번뇌가 생겨남을 이른다. 생명이 살고 있는 한 집착을 하기 때문에
몸과 마음의 오온(五蘊)은 모두 오취온에 해당된다.

<주해 7> 팔정도(八正道) : 네 가지 성스러운 진리인 사성제(四聖諦) 고(苦)·집(集)·
멸(滅)·도(道)의 도에 해당되는 부분이 팔정도이다. 팔정도는 여덟 가지 성
스러운 길이다. 특히 팔정도는 지성을 나약하게 하는 고행을 하지 않고 정
신적 발전을 퇴보시키는 탐욕을 일으키지 않는 중도(中道)의 길이다. 팔정
도는 사성제 중에서 네 번째 도(道)에 해당되지만, 이러한 도에 의해서 세
번째 멸(滅)에 이른다. 그러므로 팔정도 없이는 도과를 성취할 수가 없다.
위빠사나 수행을 계(戒)·정(定)·혜(慧) 수행이라고 하는데, 이는 여덟 가지
삶의 길인 팔정도를 의미한다.

팔정도는 다음과 같다.
1. 정견(正見) : 사성제를 아는 것. 대상을 있는 그대로 아는 것
2. 정사유(正思惟)
   (1) 이욕(離欲) : 세속적인 즐거움을 포기하고 집착, 이기심을 갖지
       않고 이타심을 갖는 것

      (2) 무진(無瞋) : 미움, 악의, 혐오와 반대되는 자애, 선의, 상냥함을
         갖는 것
      (3) 무해(無害) : 잔인함 또는 무자비함과 반대되는 해를 끼치지 않
         음. 동정심을 갖는 것
  3. 정어(正語) : 거짓말, 비방, 거친 말, 경솔한 말을 삼가는 것
  4. 정업(正業) : 올바른 직업을 갖는다. 살생, 도둑질, 간음을 삼가고 탐
     욕, 성냄, 어리석음이란 3독(三毒)을 행하지 않는 것
  5. 정명(正命) : 금지된 다섯 가지 거래를 삼간다. 무기, 인간, 고기, 도살
     할 짐승을 기르는 것. 알코올 음료 및 구독성 물질을 사고파는 것
  6. 정정진(正精進)
      (1) 이미 일어난 악한 마음을 버리려는 노력
      (2) 아직 일어나지 않은 사악한 마음이 일어나는 것을 막는 노력
      (3) 아직 일어나지 않은 선한 마음을 일어나게 하는 노력
      (4) 이미 일어난 선한 마음을 더욱 증진시키려는 노력
  7. 정념(正念) : 바른 알아차림을 하는 것. 사념처 신(身)·수(受)·심
     (心)·법(法) 네 가지 대상을 알아차리는 것
  8. 정정(正定)
      (1) 근본집중 : 사마타 수행의 집중
      (2) 근접집중 : 초기집중
      (3) 찰나집중 : 위빠사나 수행의 집중

<주해 8> 모곡 사야도의 12연기법을 상좌불교 한국 명상원에서 강의하고 있다.

제12장

역관(逆觀)으로 본 연기법

위빠시(Vipassi) 붓다께서는 깨달음을 얻기 전 보살^{주해1)}이었을 때, 인류의 커다란 고통에 대해 깊이 염려하셨다. 그는 살아 있는 모든 존재가 영원토록 겪고 있는 생로병사^{즈해2)}라는 끝없는 고통의 근본 원인에 대해 명상하셨다. 그리고 디 고통의 과정으로부터 모든 존재들을 벗어날 수 있게 하는 지혜를 찾기 위해 깊은 명상에 잠기셨다.

보살께서는 끝없이 지속되는 윤회의 사슬을 보고 인류가 겪는 끊임없는 생로병사의 윤회 과정을 연결하는 고리를 부술 수 있는 꿰뚫는 지혜를 얻기를 고대하셨다.

그분은 왜 그리고 무엇 때문에 생과 노사가 계속해서 일어나는지를 체계적으로 숙고하셨다.

순서를 거슬러 올라가는 숙고를 거쳐 명상은 조금씩 더욱더 깊어져 갔으며, 결국 모든 고통의 근본 원인이 되는 범인은 바로 무명이라는 결론에 도달하셨다. 보살께서는 여러 번에 걸쳐 생과 노사로부터 시작하는 역순(逆順)으로 연기를 깊게 관찰하셨고, 다시 무명으로부터 시작하는 일반적인 순서로도 관찰하셨다. 마침내 위빠시 보살은 모든 번뇌를 부수고 번뇌의 흐름을 뿌리 뽑을 수 있는 꿰뚫는 지혜의 빛을 밝혀 연기의 연결고리를 끊고 궁극의 깨달음을 얻으셨다.

위빠시 보살과 마찬가지로 고타마 붓다께서도 깨달음을 얻기 전 보살이었을 때 생과 노사로부터 일어나는 인류의 끝없는 고통에 대해 염려하셨다. 그분 역시 인류가 겪는 고통인 생로병사의 과정이 끝없이 계속되는 근본 원인에 대해 깊이 명상하셨다. 그리하여 마침내 꿰뚫는 지혜를 얻어 연기의 전 과정을 밝히고 모든 번뇌의 흐름[주해3)]과 잠재적 성향 그리고 속박[주해4)]을 종식시켜 마침내 최고의 지위인 부처의 반열에 오르셨다.

붓다께서 세상에 출현하시든 그렇지 않든 간에 의존적 발생의 법칙인 연기는 항상 존재한다. 하지만 오로지 붓다께서 출현하신 시대에만 '생과 노사는 이러이러하며, 또 업의 생성, 집착, 갈애, 수, 촉 등은 이러이러하다'는 설명과 가르침을 듣는 것이 가능하다.

붓다께서 설하신 연기법의 핵심은 다음과 같다.

"이것이 존재함으로 저것이 존재하며,
이것의 일어남으로 저것이 일어난다.
이것이 사라지면 저것 또한 사라진다."

도표를 참조하기 바란다.

부분 4에서 생과 노사를 볼 수 있다. 노사는 원인 없이 존재할 수 없다. 태어남을 원인으로 노사가 일어난다. 태어남은 몹시 혐오스러운 것이다. 늙음과 질병 그리고 죽음은 태어난 날부터 우리의 등 뒤에 도사리고 있기 때문에 우리는 매년, 매달 그리고 매일 늙어가고 있다.

늙음이란 활력과 젊은 외모, 젊은 기질을 잃고 흰머리와 난청, 노안, 기억의 상실이 나타나는 것이다. 또 이빨이 없어져서 딱딱한 음식을 씹기 힘들어지며, 누군가의 도움 없이는 걸을 수 없게 되는 것이다. 그중 가장 나쁜 상황은 늙을수록 더욱 힘이 없어져 결국 소변과 대변을 가릴 수 없는 상태가 되어 가장 가까운 가족들조차도 피하고 싫어하는 대상이 되는 것이다.

늙음과 질병, 노쇠와 죽음은 단지 이번 생뿐만이 아니라 윤회가 시작된 이래 한시도 떨어지지 않고 언제나 우리와 함께 있어

온 동반자였다. 그러니 이제 생과 노사를 잇는 연결을 끊는 길을 찾아야 할 시간이 되었다. 늙음과 질병 그리고 죽음과 같은 지긋지긋하게 혐오스러운 것들의 손아귀에서 벗어나려는 결심을 해야만 한다.

이 점을 생각해 보자. 나이를 먹으며 우리는 어디를 향해 가고 있는가? 매순간, 매분 우리는 죽음을 향해 가고 있다. 우리는 멈추지 않고 그 목적지를 향해 질주하고 있다.

"죽음은 고통의 진리이다." 이 말은 죽음이 바로 고통이라는 의미이다. 죽음만큼 커다란 고통도 없다. 상상해 보라. 우리는 늙음과 마주해 있고 빠르든 늦든 어느 해, 어느 달, 어느 날의 어느 시간에 죽음과 마주치게끔 되어 있다. 우리는 죽음이 어디에서 와서 우리를 어디로 데리고 가는지 알지 못한다.

우리 중 어느 누가 죽음으로부터 숨을 곳을 찾아내었던가? 어느 누가 죽음의 신을 매수해서 죽지 않고 탐욕과 성냄과 어리석음이 시키는 대로 마음껏 살 수 있는가? 과연 죽음의 날짜를 원하는 대로 뒤로 미루는 것이 가능한가? 어째서 우리는 탐욕과 성냄과 어리석음에 이토록 휘둘리는 것인가? 이제 우리 자신을 점검해 봐야 할 시간이다.

모든 인간은 네 명의 잔인한 살인자[四大]^{주해5)}와 함께 살고 있다. 땅의 요소[地大]^{주해6)}라는 살인자는 우리를 죽이려고 엎드려 기다리고 있다. 이것이 넘치거나 과도하면 어쩔 수 없이 죽음을 맞이하게 된다. 또 다른 살인자인 물의 요소[水大]^{주해7)}는 우리에게 손을 뻗칠 기회를 엿보고 있으며, 이것이 과도해지면 대변과 오줌을 가릴 수 없게 되어 결국 죽음이 따라오게 되어 있다. 또 우리에게 덤벼들 기회를 노리고 있는 불의 요소[火大]^{주해8)} 역시 마찬가지다. 어떤 사람이 비정상적으로 몸에 열이 올라 정신착란에 빠지면 가족들이 크게 걱정하고 결국 이 사람은 죽게 되는 것이다. 또 다른 살인자는 바람의 요소[風大]^{주해9)}이다. 몸의 진동과 호흡도 바람의 요소이다.

이들 네 명의 살인자 외에도 다섯 가지 무더기[五蘊]가 있으니 이들 또한 살인자들이다. 어느 날 라다(Rādha)라는 이름의 비구가 붓다께 죽음(māra)^{주해10)}이 무엇인지를 물었다.

붓다께서 답하셨다.

"물질 현상[色]이 살인자다.
느낌[受]이 살인자다.
지각[想]이,
형성 작용[行]이,

그리고 마음[識]이 살인자다."

살아 있는 모든 존재는 자신을 해칠 기회를 노리고 있는 살인자들과 함께 살고 있다.

처음 네 가지 지·수·화·풍이란 살인자에게 희생되거나 혹은 다음 다섯 가지 오온이란 살인자에게 희생되거나 간에 우리는 침대를 둘러싸고 있는 아내와 아이들 그리고 친척들 사이에서 어쩔 수 없이 이들 살인자에게 굴복하고야 마는 것이다.

도표를 다시 보자.
"생으로 인하여 노사가 일어난다." 태어남 때문에 늙음과 죽음이 일어난다. 그러므로 태어남이란 매우 두려운 것이다. 태어남이란 사람이든 천인이든 혹은 범천이든 어떤 지각이 있는 존재로 태어난다는 것을 의미한다.

『전법륜경(轉法輪經)』에는 "태어남은 고통이다"라는 구절이 있다. 이 말은 사람이든, 천인이든, 범천이든 태어남은 고통이며 괴로움의 진리라는 것이다.

연기에 대해 무지하기 때문에 우리들 대부분은 일상적인 오류를 범해 소위 우주의 지배자, 천계의 왕이라는 피상적이고 헛된 영예와 매력에 속고 만다. 또 무지한 범부인 우리들은 보시를 할 때마다 계속해서 천인이나 범천의 왕이 누리는 영예라는 헛된 것을 갈망하고 기원한다.

연기에 따르자면 이들 천상의 존재들 또한 괴로움의 진리에 묶여 있으며 감금된 것과 같다.

붓다께서 이렇게 말씀하셨다.

"그들은 감옥과 같은 존재이다."^{주해11)}

이것은 사람이든, 천인이든, 범천이든 그들은 감옥 속에 있는 것과 같다는 말이다.

천인이 되는 혜택을 바라는 자는 자신이 갇히기를 바라는 것과 같다. 왜냐하면 이른바 사람, 천인이나 범천이라는 존재가 가지는 영예라는 것은 위조된 가공의 매력이기 때문이다.

천상의 태어남이라고 할지라도 태어남을 기원하는 자는 천길 아래로 떨어질 수밖에 없는 높다란 절벽에 서 있기를 기원하는 것과 같다.

태어남은 재생(再生)을 의미한다. 어머니의 자궁에 들어 있는 것처럼 불쾌하고 고통스러운 일은 없다. 대소변 사이의 극히 좁고 답답한 곳에서 보낸 9개월간의 말할 수 없는 괴로움과 고통을 기억하지 못하는 것은 우리 인간의 기억력이 미약하기 때문이다. 만일 우리가 우주의 제왕, 천계의 왕으로 태어난다 하여도 그 시작점은 반드시 태어남이다. 이처럼 모든 새로운 태어남을 기원하는 것은 괴로움을 얻기를 기원하는 것이다.

대장로 모곡 사야도께서는 보시 공덕이 되는 행위를 할 때는 첫째로, 오온이라는 짐을 몹시 혐오하고 싫어하는 마음을 가지고 둘째로, 생과 노사로부터 자유로워지고 연기의 윤회로부터 벗어나려는 의도를 가지고 있어야 한다고 가르치셨다.[1]

붓다께서 아난다에게 말씀하셨다.

"아난다여,
모든 잘못된 것 가운데에서 가장 큰 잘못은
낡은 오온을 버리고 새로운 오온을 얻는 것이다."

새로운 오온은 새로운 태어남을 얻는 것을 뜻하고, 태어남을

---

1) 대장로 모곡 사야도께서는 보시를 권장하셨다.

얻는 것은 바로 괴로움을 얻는 것이다. 어떠한 오온이든지 간에 그것을 바란다는 것은 늙음과 질병 그리고 죽음을 바라는 것이다. 어떠한 종류의 태어남이든지 간에 반드시 늙음과 죽음에 직면해야만 한다. 어떤 이는 더 나아가 우주의 제왕과 천계의 왕으로서의 높은 지위를 누리기를 계속해서 기원한다. 그것은 늙음과 질병, 죽음의 고통이 지속되기를 계속해서 기원하는 것과 같다.

이것이 연기법에 무지하고 익숙하지 못한 자들이 따르는 길이다.

우리는 태어남이 저절로 우연히 일어나는 것인지, 아니면 거기에 근본 원인이 있는지를 질문할 수 있다. 그렇다. 태어남보다 더 무서운 업의 생성이라는 근본 원인이 있다. 근본 원인이 되는 업의 생성은 부분 3의 미래의 원인으로 이것은 부분 4의 미래의 결과로 연결된다. 그래서 업의 생성은 태어남보다 더욱더 두려운 대상이다. 달리 말하자면 업의 생성은 괴로움의 시작인 새로운 존재로 태어나는 원인이 된다. 이러한 업의 생성은 연기의 고리를 연결시키는 매개체로서 신구의 3업 혹은 공덕행, 공덕이 없는 행, 부동행을 말한다.

연기에 따르면 과거에 행해진 행위는 업의 형성[行]이라 불리고, 현재의 행위는 업의 생성[有]이라고 불린다. 이 둘은 단어는 다르지만 뜻은 동일하다.

이 시점에서 잠시 생각해 보자. 우리는 의식적으로든 무의식적으로든 하루 동안, 즉 해가 뜰 때부터 잠들기 전까지 얼마만큼의 생각과 말과 행위의 업을 짓고 있을까?

붓다께서 이렇게 말씀하셨다.

"존재로 이끄는 모든 행위는 업의 생성이다."

이 생에서 우리가 행하는 모든 일들은 그것이 선한 일이든 불선한 일이든 간에 다음 생에서 결과를 만들어낸다. 즉, 우리는 미래라는 자신의 운명을 스스로 만들어낸다는 것이다.

한 발자국 뒤로 물러나 업의 생성이 스스로 일어나는 것인지 혹은 거기에도 어떤 원인이 있는 것인지 살펴보도록 하자.

"집착으로 인하여 업의 생성이 일어난다." 집착 또는 과도한 욕망으로 인하여 업의 생성, 즉 신업과 구업, 의업이 일어난다. 12연기법과 빠띠삼비다막가(Paṭisambhidāmagga)^{주해12)}에 의하면 집착과 업의 생성은 괴로움의 원인이라는 진리[集諦]에 해당한다. 그리고 다시 뒤로 한 발자국 더 물러나 집착의 원인을 살펴보면 거기에는 집착의 범인인 갈애가 나온다. "갈애로 인하여 집착이 일어난다." 갈애가 강해지면 집착의 형태가 된다. 갈애가 집착의 원인이기 때문에 갈애는 집착보다 더욱더 두렵고 위험한 것이다.

해가 뜰 때부터 한밤중이 될 때까지 하루 종일 동서남북 이곳 저곳, 이 도시 저 도시, 이 나라 저 나라, 이 대륙과 저 대륙 간을 자동차, 비행기 등 온갖 종류의 탈 것들을 이용해 오가는 사람들이 있다. 이러한 모든 여행과 여정들은 갈애로 인해 또는 갈애에 의해 유발되는 것이다. 갈애의 노예가 된 인간은 다양한 목적을 가지고 요구를 하며 거래를 위해 여기저기로 이끌려 다닌다.

갈애로 인해 집착이 유발되기만 하면 한밤중이든 빗속이든 폭풍우 속이든 가리지 않고 강도가 들끓는 지역이나 전쟁터도 마다하지 않는다. 갈애의 노예들은 어떤 위험도 가리지 않고 원하는 바를 이루기 위해 달려간다. 노예가 그 주인인 갈애의 명령을 거절할 수 있을까? 결코 없다. 갈애는 너무도 강력하고 영향력이 크며 충동적이어서 아무것도 할 수 없는 어린 아기라도 작은 몸을 굴려서 장난감을 집어 들게 하며, 나이 든 어른까지도 지배하여 굴복시킨다.

지금까지 말한 것을 현재 자기 자신의 모습에 비추어 보기를 바란다. 한 단계 더 나아가 갈애가 스스로 일어나는지, 아니면 어떤 원인으로 인해 일어나는지를 살펴보자.

"수(受)로 인하여 갈애가 일어난다." 느낌이 갈애의 원인이다. 그래서 느낌은 더욱더 불쾌한 것이다.

도표를 살펴보기 바란다.

부분 2와 부분 3은 느낌과 갈애로 연결된다. 여기에서 바로 수행자는 느낌이 갈애로 연결되지 않도록 애써야 한다. 즉, 느낌과 갈애 사이에서 올바른 길로 이끌게 하는 정견, 정사유, 정정진, 정념, 정정이라는 다섯 가지 도지(道支)가 필요하다. 이 말은 반드시 이 시점에서 수행을 통해 무명을 지혜로 바꾸어야 한다는 뜻이다.

다음 장부터는 '수로 인하여 갈애가 일어난다'를 '수로 인하여 지혜가 일어난다'로 바꾸는 방법들을 다루기로 한다.

주해(註解) ───────────────────────────────●

〈주해 1〉 보살(菩薩. Bodhisatta) : 보살을 빨리어로 보디사따(Bodhisatta)라고 한다.
보디(Bodhi)는 깨달음을 의미하고 사따(satta)는 구하는, 매달리는, 헌신
하는, 열중하는 등등의 뜻을 가지고 있다. 그래서 보살은 깨달음을 구하
는 자라는 뜻으로 구도자라고 한다.
여기서 깨달음은 최고의 깨달음을 말하며, 그렇기 때문에 보살은 부처
가 되기 위해 헌신하는 구도자를 이른다. 역대의 모든 붓다는 무수한 세
월 동안 보살로서 바라밀 공덕을 쌓은 결과로 부처가 된다.
상좌 불교에서 보살을 뜻하는 보디사따는 부처의 전생을 말한다. 그러
므로 보살은 부처가 되기를 서원을 세운 구도자일 뿐이지 초월적 능력
을 가진 존재가 아니다.
보살에는 세 가지 유형이 있다.
1. 지성적인 보살 : 외적 대상에 대해서 숭배하지 않고 지혜를 계발하기
   위해 노력한다.
2. 헌신적인 보살 : 믿음과 신앙심이 깊은 보살이다. 그러나 지나친 믿
   음은 맹신에 빠지는 것을 경계해야 한다.
3. 활동적 보살 : 언제나 남을 위해 활동적으로 봉사를 한다. 명예나 평
   판을 얻기 위해서 일하지 않고 봉사정신으로 열심히 남을 돕는다.

〈주해 2〉 생로병사(生老病死) : 12연기 도표에서 부분 4에 해당되는 것은 생(生)
과 노사(老死) 두 가지이다. 태어남을 의미하는 생을 원인으로 하여 늙
어서 죽는 노사가 있다. 이때 병(病)은 12연기에 들어 있지 않다. 그러나
주석서에서는 병을 포함하여 생로병사라고 칭한다.
병(病)은 태어남과 늙음에 필연적으로 따르기 마련이지만 개인에 따라 나타
날 수도 있고 나타나지 않을 수도 있기 때문에 포함되지 않은 것으로 생각

된다. 몸은 병의 먹이이기 때문에 병은 생과 노사에 수반되는 것이다.

〈주해 3〉 흐름(āsava) : 탐진치의 번뇌가 지속되는 것을 말한다. 이것을 유루(流漏) 또는 새는 것으로 말하기도 하며, 상속 또는 윤회라는 뜻으로도 쓴다.

〈주해 4〉 속박〔結. Saṁyojana〕 : 족쇄. 결(結)로써 존재를 붙들어 매는 번뇌를 말한다. 속박은 열 가지가 있다.

　1. 5하분결(五下分結) : 욕계(欲界)에 존재를 붙들어 매는 번뇌
　　(1) 유신견(有身見)
　　(2) 회의적 의심
　　(3) 계율이나 금지 조항에 대한 집착〔戒禁取見〕
　　(4) 감각적 욕망〔愛慾〕
　　(5) 악의(惡意)

　2. 5상분결(五上分結) : 색계와 무색계에 존재를 붙들어 매는 번뇌
　　(6) 색계에 대한 욕망
　　(7) 무색계에 대한 욕망
　　(8) 아만
　　(9) 들뜸
　　(10) 어리석음〔無明〕

　이상 열 가지 족쇄는 다음과 같은 도과의 단계에 의해 소멸된다.
　　수다원 (1)~(3)의 소멸
　　사다함 (1)~(3)의 소멸, (4)~(5)의 약화
　　아나함 (1)~(5)의 소멸
　　아라한 (1)~(10)의 소멸

〈주해 5〉 네 명의 살인자〔四大. Mahābhūta〕 : 네 명의 살인자라 일컫는 사대는 몸의 성분인 지대(地大)·수대(水大)·화대(火大)·풍대(風大)를 말한다. 이들 사대의 불균형이 병을 일으키고 결국은 죽음으로 이끌기 때문에 살인자라고 한다.

사대를 빨리어로 마하부따(Mahābhūta)라고 한다. 마하(mahā)는 크다는 접두사이며, 부따(bhūta)는 생성된, 태어난, 요소, 일어난 일 등을 말한다. 그래서 마하부따는 물질의 큰 요소를 말한다. 물질은 있지만 물질이 있는 것을 아는 것은 인식을 통해서다. 이렇게 우리가 안다는 것은 물질 안에 있는 성품을 인식하는 것인데, 이것을 물질의 실재하는 사대 요소로 본다.

〈주해 6〉 땅의 요소[地大] : 몸은 흙의 본성이 있는데 단단함과 부드러움의 특성이 있다. 그러나 단단함이나 부드러움이 반대로 부드럽거나 단단해지면 몸의 균형이 깨지고 병이 생긴다. 이를 일러 살인자라고 한다.

〈주해 7〉 물의 요소[水大] : 몸은 물의 본성을 가지고 있다. 몸의 2/3는 물로 구성되어 있다. 몸을 지탱하는 것은 물의 성분 중에 응집성이 있어 엉키게 하기 때문이다. 그러나 물이 부족하거나 물의 순환이 이루어지지 않으면 병을 얻어 죽음에 이른다.

〈주해 8〉 불의 요소[火大] : 몸은 불의 본성을 가지고 있다. 불의 본성은 성숙과 쇠퇴를 촉진한다. 소화를 돕는 열도 불의 성품이다. 화대는 따뜻함과 차가움을 함께 가지고 있는데 고열이 되면 뇌사상태에 빠지고, 차가우면 감기에 걸리거나 체온저하증으로 죽는다. 또 우리 몸이 병균과 싸울 때도 열을 낸다. 이처럼 불의 요소의 불균형으로 인해 병들어 죽는다.

〈주해 9〉 바람의 요소[風大] : 몸은 바람의 본성을 가지고 있다. 바람의 요소는 몸을 움직이며 에너지, 운동, 긴장, 지탱의 요소가 있다. 상승하는 바람의 요소는 재채기, 트림, 하품, 구토, 딸꾹질, 기침 등이 있다. 하강하는 바람의 요소는 배에서 부는 바람, 창자에서 부는 바람, 팔과 다리에서 부는 바람이 있으며, 코의 호흡의 들숨과 날숨도 바람의 요소이다. 이러한 풍대가 균형을 이루지 못하면 병을 얻고 죽음에 이른다.

〈주해 10〉 죽음(māra) : 죽음, 악마, 유혹자, 사신(死神), 마라(摩羅), 마왕(魔王),

마군(魔軍) 등이 모두 동일어로 쓰인다. 죽음의 신이나 죽음의 왕이 있는 것이 아니고 죽음을 상징적으로 표현한 말이다.

〈주해 11〉 살아 있는 모든 생명은 윤회의 수레바퀴를 벗어나지 못하고 계속해서 태어나고 죽는 것을 거듭한다. 이를 감옥에 갇힌 것으로 비유한다.

〈주해 12〉 빠띠삼비다막가(Paṭisambhidāmagga) : 짧은 경문의 모음집인 『쿳다까니까야(Khuddaka- Nikāya)』 열다섯 경전 중에 열두 번째 경전이다. 빠띠삼비다막가의 뜻은 '분석적 통찰'로 번역된다. 이 경전의 제목을 일본 학자들은 '무애해도(無碍解道)'라고 한다.

제13장

유신견(有身見)의 원인과 결과

유신견(有身見)을 빨리어로 사까야디띠(Sakkāyadiṭṭi)라고 한다. 사까야 (Sakkāya)는 사(Sa) 혹은 산또(Santo)와 가야(kāya)의 합성어이다. 사(Sa) 혹은 산또(Santo)는 '있다', '실재한다', '진실로 존재한다'는 뜻이며, 가야(kāya)는 몸, 신체를 말한다. 이것을 합쳐서 사까야라고 하는데, 이는 오온의 실재함을 의미한다. 디티(Diṭṭhi)는 잘못된 견해[邪見]라는 의미이다. 이들 두 단어가 모여 사까야디티(Sakkāyadiṭṭi), 즉 유신견이라는 용어가 된다. 유신견은 오온이 나라고 하는 잘못된 견해를 말한다.

사견은 왜 그리고 어떤 방식으로 생겨나는가? 오온을 실재하는 '자아', '나' 혹은 '자신'이라고 여기고 오온에 집착할 때 사견이 생긴다. 즉, 오온을 실재하는 것으로 여기거나 '자아', '영혼', '자신' 또는 '나'라고 생각할 때마다 사견이 일어난다. 사견은 31

개의 존재의 영역 안에서 가장 나쁘고도 해로운 것이다. 붓다께서는 "모든 잘못 가운데 가장 나쁘고 해로운 것은 그릇된 견해이다"라고 하셨다.

붓다께서 『앙굿따라니까야(aṇguttaranikāya)』에서 다음과 같이 말씀하셨다.

"20가지의 유신견[주해1]은
존재를 행복한 세계로 인도하지 못하고,
그 대신 비참한 세계(사악도)로 끌어내린다.
완두콩 크기만 한 자갈돌이라도 결코 물 위에 뜰 수 없듯이
유신견을 가진 존재는
윤회의 표면으로 결코 떠오를 수 없다."[주해2]

유신견은 62가지 사견의 번식지이자 출생지이다. 유신견에 의존하여 온갖 종류의 사견이 일어난다. 그래서 붓다께서는 이렇게 말씀하셨다.

"마치 머리카락에 불이 붙은 것과 같이,
가슴에 창이 찔린 것과 같이
비구[주해3]는 유신견을 제거하기 위해
알아차리는 수행에 힘을 써야 한다."

만일 어떤 사람이 유신견을 가지고 보시와 지계, 수행을 한다고 해도 의심할 여지없이 좋은 세계에 태어날 것이다. 그러나 결코 도와 과를 이룰 수는 없다. 유신견을 가진 자는 부모를 살해하거나 심지어 붓다에게 피를 흘리게 하는 일이 있어도 아무런 양심의 가책을 느끼지 않는다. 그에게는 어떠한 불선의 법도 없기 때문에 두려운 것이 없다. 자신이 붓다가 되기 위해 모든 수단을 다하여 붓다를 살해하려고 애쓴 데와닷따(Devadatta)를 부추긴 것이 바로 이 유신견이었다.

아자따사뚜(Ajātasattu) 왕자는 데와닷따의 꾐으로, 아버지인 빔비사라(Bimbisāra) 왕이 살아 있는 한 결코 왕이 될 수 없으리라 믿고 젊은 나이에 왕이 되고자 하는 생각에 사로잡혀 결국 아버지를 살해하였다. 이렇게 아버지인 늙은 왕을 살해하도록 부추긴 것이 바로 유신견이었다.

어느 부유한 장자의 딸인 빠따짜리(Patacari)를 미치게 만든 것도 유신견이었다. 사견에 이끌려 오온을 남편, 아들, 딸, 아버지, 어머니 등으로 잘못 이해하고 그릇되게 받아들여 미친 상태가 되어 결국 통제가 불가능한 정신병자가 되었다.

이와 같이 유신견을 가진 이는 마치 실의 길이만큼 높이 떠오르다 땅으로 곤두박질치는 연과 같다. 유신견이 함께하여 그 사

람을 떨어뜨리는 것이다.^{주해4)}

붓다께서는 "공덕을 짓는 행(사마타)으로 인하여 욕계, 색계, 무색계에 이르고 무색계의 비상비비상처(非想非非想處)^{주해5)}에 이르는 사람일지라도 유신견을 가지고 있으면 다시 비참한 존재계로 떨어진다"라고 말씀하셨다.

유신견을 토대로 하여 다른 네 가지의 무섭고 위험한 사견들이 생겨난다. 즉 비작업론, 무인론과 허무론, 자재화작인론 등이다.

비작업론(非作業論)은 업이 작용하지 않는다는 견해이다. 즉, 생각과 말과 행위로 짓는 선하거나 선하지 않은 행위, 바르거나 바르지 않은 행위, 도덕적이거나 비도덕적인 행위들에 대하여 영향을 받지 않기 때문에 결국 그 어떤 과보나 결과도 없다고 보는 견해다.

무인론(無因論)은 원인이 없다는 견해로 인과법에 대한 완전한 부정이다. 즉, 생명이 있는 존재나 없는 존재 그리고 여러 가지 현상들은 우연히 생긴 것이며 모든 사건들이 원인 없이 일회적으로 발생한다는 견해이다.

허무론(虛無論)은 원인과 결과의 법칙을 모두 부정하는 사견이다. 이 사견은 생명이 있든 없든 모든 존재가 원인 없이 나타났으며 그 행위가 선하든 악하든 아무런 열매도 맺지 않고 또 아무런 의미가 없고 허무하다는 견해이다.

원인을 부정하는 것은 결과를 부정하는 것이고, 원인과 결과 중 하나를 부정하는 것은 원인과 결과 모두를 부정하는 것이다.

자재화작인론(自在化作因論)은 세계가 절대 신에 의해 창조되었다고 하는 견해이다.

위의 사견 중의 어느 하나라도 가지고 있는 것은 다섯 가지 무간의 업[五逆罪]^{주해6)}을 짓는 것보다 더욱 해롭다. 그러므로 우리는 이들 사견 중 어느 것 하나에라도 의식적으로든 무의식적으로든 빠져들지 않도록 조심해야만 한다.

〈주해 1〉 20가지 유신견(有身見) : 유신견은 자아가 있다는 잘못된 견해이다. 유
신견은 욕망의 세계〔欲界〕에 존재를 붙들어 매는 번뇌이다. 유신견은
수다원도과에 이르면 사라진다. 20가지 유신견은 다음과 같다.
(1) 색·수·상·행·식이 자아라는 믿음 5가지
(2) 자아가 색·수·상·행·식을 소유한다는 믿음 5가지
(3) 색·수·상·행·식 안에 자아가 있다는 믿음 5가지
(4) 자아 안에 색·수·상·행·식이 있다는 믿음 5가지

〈주해 2〉 완두콩을 유신견으로 비유하였을 때, 물의 표면은 윤회가 끊어지는 것
을 말한다. 이는 윤회를 마차의 수레바퀴가 회전하는 것으로 비유했을
때의 표현이다. 수레바퀴의 축은 근본 원인으로 무명과 갈애이고, 마차
의 바퀴살은 태어남이고, 마차 바퀴 테는 노사를 말한다. 윤회가 끝나는
것은 노사로부터 벗어나는 것이고, 이는 마차의 바퀴 테로부터 벗어나
는 것을 의미한다. 이것이 물 위로 떠올라 윤회가 끝나는 것을 말한다.

〈주해 3〉 비구(比丘) : 빨리어 빅쿠(bhikkhu)는 걸식하는 수행자를 말하는데, 후대
에 불교의 승려로 불리게 되었다. 빨리어 빅쿠를 한문으로 음사한 것이
비구이다.

〈주해 4〉 유신견이 강한 사람은 자아가 강한 사람이다. 자아는 '나'라고 하는 아
상, 자존심을 뜻하는 것으로 자존심이 많으면 많은 만큼 반비례하여 고
통과 좌절을 경험한다.

〈주해 5〉 비상비비상처(非想非非想處) : 사마타 수행으로 무색계 4선정에 이르면

죽어서 갈 수 있는 범천(梵天)이다. 윤회하는 연기의 세계에서 공덕을 지어서 갈 수 있는 최상의 위치에 있으며, 수명이 8만4천겁에 이른다. 몸이 없이 마음만 있으며 수명이 끝나면 다음 업의 작용을 받아 어느 세계에서 태어날지 알 수 없다.

〈주해 6〉다섯 가지 무간의 업[五逆罪] : 오역죄(五逆罪. Pañcānantariya Kamma) 다섯 가지의 즉시 처벌받는 행위로 오무간(五無間)이라고 한다.
   (1) 어머니를 살해
   (2) 아버지를 살해
   (3) 아라한을 살해
   (4) 부처님을 살해
   (5) 승단의 분열을 조장

제14장

유신견은 어떻게 일어나는가

1. 유명소경(有明小經. Cūḷa Vedalla Sutta)
根本五十(Mūlapaṇṇāsa)

붓다께서 왕사성의 죽림정사에 계셨을 때 그곳에는 위사카 (Visākha)라는 이름의 부자(富者)와 후에 비구니가 된 아내 담마디나 (Dhammadinnā)가 살고 있었다. 위사카는 매일 저녁 붓다께서 하시는 법문을 들으려고 죽림정사를 방문하였다. 그리고 법문이 끝나고 집에 돌아오면 사랑스런 아내가 문 앞에서 기다리고 있어 그들은 팔짱을 끼고 집 안으로 들어가곤 했다.

어느 날, 여느 때와 같이 담마디나는 문 앞에서 남편을 기다렸다. 그러나 평소보다 다소 위엄 있는 모습으로 나타난 남편은 부인에게 팔을 내밀지 않았고 담마디나는 남편의 이러한 태도에 마음이 편치 못하였다. 하지만 그녀는 아무 말도 하지 않았다.

잠이 들 무렵이 되어 담마디나는 남편에게 자신이 무슨 잘못을 했기에 그의 태도가 그토록 심각하고 평소와는 다른지를 물어보았다. 남편은 그 자신이나 아내가 어떤 잘못을 한 것이 아니라 그가 좀 더 높은 통찰력(아나함과)^{주해1)}을 얻었기 때문에 그의 태도가 심각해 보이는 것이라고 말하였다. 그리고 그는 담마디나에게 모든 재산을 물려줄 것이며 만일 그녀가 원하면 다른 사람과 재혼해도 좋다고 말했다.

이 말을 듣고 담마디나는 질문하였다.
"부군이시여, 당신은 높은 지혜에 대해 말하십니다. 이 법은 남자에게만 허락된 것입니까? 여자는 높은 법을 얻을 수 없는 것인가요?"

남편은 대답하였다.
"아니오. 부인이시여, 붓다의 법은 모두에게 열려 있습니다."

그러자 아내는 말했다.
"그렇다면 제가 가서 법을 들을 수 있도록 허락해 주십시오."

며칠 후 담마디나 자신도 비구니가 되어 비구니 승가에 들어갔으며 그녀는 결국 아라한과를 얻었다.

다음은 아나함과를 얻은 위사카와 아라한이 된 비구니 담마디나 사이에 오고 간 몇 가지 질문과 답변이다.

위사카가 질문했다.
"스님이시여, 붓다께서 가르치신 '몸이 있다[有身]'는 것은 무엇을 말하는 것입니까?"

아라한인 담마디나는 답하였다.
"보시 수행자 위사카시여, '몸이 있다'는 유신(有身)은 오온입니다."

"그렇다면 어떤 방식으로 유신견이 일어나는 것입니까?"

"위사카시여, 오온을 잘못 이해하고, 오온을 실재라고 믿으며, 자아 혹은 나라고 그릇되게 파악할 때 유신견이 일어납니다."

"스님이시여, 그렇다면 왜 그리고 무엇 때문에 유신견이 일어나는 것인지 다시 물어봐도 되겠습니까?"

"위사카시여, 붓다의 성스런 질서에 따르면 첫째로, 속세의 무지한 범부는 성자(聖者)의 법을 받아들이지 않아 성자의 법에 밝지 못하기 때문에 진리와 조화를 이루지 못합니다.

둘째로, 범부는 덕 있는 자나 성자를 가까이 하기를 원치 않아 법문을 쉽게 접할 수 없기 때문입니다. 또 잘 알지 못하기 때문에 '물질[色]이 나 또는 자아다, 나는 물질이다, 물질 안에 나 또는 자아가 있다, 나 또는 자아 안에 물질이 있다'라고 그릇되게 이해합니다.

그리고 느낌[受], 지각[想], 행(行), 의식[識]을 같은 방식으로 받아들여서 나, 자아 등으로 잘못 이해합니다. 즉 의식이 나 또는 자아를 가지고 있으며, 의식 안에 나 또는 자아가 있고, 나 또는 자아는 의식을 가지고 있다고 보는 것입니다.

위사카시여, 이는 마치 타오르는 불과 불빛을 구분하지 못하고 타오르는 불을 불빛으로 오해하는 것과 같습니다. 이와 같이 법문을 들을 기회가 없어 그것에 정통하지 못하고, 무지해서 가르침을 받지 못한 범부는 '물질이 나 또는 자아다, 느낌이 나 또는 자아다, 지각이 나 또는 자아다, 행이 나 또는 자아다, 의식이 나 또는 자아다'라고 보고 이해하며 잘못 믿게 됩니다. 이것이 유신견이 어떻게 일어나는가를 말하는 것입니다."

2. 야마까경(Yamaka Sutta)
상윳따니까야(Saṁyutta-Nikāya)

붓다께서 기원정사에 계실 때였다. 야마까(yamaka)라는 이름의 어떤 비구에게 문득 아라한이 죽으면 아무 일도 일어나지 않고 다만 망각 속으로 사라져버릴 뿐이라는 생각이 떠올랐다. 그는 이런 이해와 믿음으로 다른 비구들에게 자신의 생각을 퍼뜨렸다.

그가 하는 말을 들은 다른 비구들은 붓다께서 가르치지 않은 것이니 법에 어긋나는 사실을 말하지 말라고 충고해 주었다. 그러나 야마까는 위대한 스승의 가르침에 어긋나는 모순되고 불경스런 자신의 견해를 완강하게 고집하면서 계속해서 퍼뜨렸다.

이 불경스런 논리를 펴는 것을 멈추게 할 수 없었던 다른 비구들이 대장로 사리뿟따(Sāriputta)께로 가서 그 사실을 말씀드렸다. 그러자 대장로께서는 크나큰 자비심으로 야마까의 거처로 가서 붓다의 가르침에 어긋나는 그러한 견해를 편 것이 사실인지를 야마까에게 물어보았다.

"오, 야마까여, 그대는 아라한이 죽을 때 아무 일도 일어나지 않고 다만 망각 속으로 사라져버릴 뿐이라고 하는 그릇된 견해를 가졌다고 하는데 사실입니까?"

야마까는 이를 긍정하였다. 그러자 대장로께서 다시 물었다.

"야마까여, 이것에 대해 어떻게 생각합니까? 알고 있는 대로 답해 주기 바랍니다. 물질[色]은 영원하며 변하지 않는 것입니까?"

"그렇지 않습니다, 존자시여!"

"느낌[受]은 언제나 영원하며 변하지 않는 것입니까?"

"그렇지 않습니다, 존자시여!"

"지각[想]은 언제나 영원하며 변하지 않는 것입니까?"

"그렇지 않습니다, 존자시여!"

"행(行)은 언제나 영원하며 변하지 않는 것입니까?"

"그렇지 않습니다, 존자시여!"

"의식[識]은 언제나 영원하며 변하지 않는 것입니까?"

"그렇지 않습니다, 존자시여!"

"그렇다면, 야마까여, 그대는 물질을 영원하지 않으며 변하는 것으로 봐야 할 것입니다. 이와 같이 느낌, 지각, 행과 의식을 영원하지 않으며 변하고 매순간 사라지는 것으로 봐야만 합니다."

그러고 나서 사리뿟따 대장로께서 다시 말했다.

"이제, 야마까여, 다시 질문을 할 것이니 생각하는 바대로 말해 주기 바랍니다. 그대는 물질을 아라한(실재하는 존재)^{주해2)}이라고 여기는 것입니까?"

"그렇지 않습니다, 존자시여!"

"그대는 느낌, 지각, 행 과 의식을 아라한이라고 여기는 것입니까?"

"그렇지 않습니다, 존자시여!"

"그대는 오온을 아라한으로 여기는 것입니까?"

"그렇지 않습니다, 존자시여!"

"그렇다면 야마까여, 오온을 제외한 다른 어떤 것을 아라한이라고 여기는 것입니까? 야마까여, 물질을 제외한 다른 어떤 것을 아라한이라고 여기는 것입니까?"

"그렇지 않습니다, 존자시여!"

"그렇다면 야마까여, 느낌을 제외한 다른 어떤 것을 아라한이라고 여기는 것입니까?"

"그렇지 않습니다, 존자시여!"

"그리고 야마까여, 지각과 행을 제외한 다른 어떤 것을 아라한이라고 여기는 것입니까?"

"그렇지 않습니다, 존자시여!"

"그리고 야마까여, 의식을 제외한 다른 어떤 것을 아라한이라고 여기는 것입니까?"

"그렇지 않습니다, 존자시여!"

"그렇다면 야마까여, 위대하신 스승께서 번뇌가 완전히 소멸하고 뿌리 뽑힌 아라한이 죽을 때 아무 일도 일어나지 않고 다만 망각 속으로 사라질 뿐이라고 가르치셨다고 말하는 것이 과연 적절하고 바람직한 것입니까?"

"그렇지 않습니다, 존자시여! 제가 그렇게 말하는 것은 적절하고 바람직한 것이 아닙니다."

"이제 누군가가 아라한이 죽을 때 무슨 일이 일어나느냐고 질문하면 무엇이라고 답하겠습니까?"

"존자시여, 물질이란 일시적이고 무상하며 변하기 마련이고 영원하지 못한 것이며, 느낌과 지각, 행 또한 일시적이고 무상하며 변하기 마련이고 영원하지 못한 것이라고 답하겠습니다. 또 의식은 일시적이고 무상하며 변하기 마련이고 영원하지 못한 것입니다. 오온은 일시적이고 무상하며 변하기 마련이고 영원하지 못한 것입니다."

대장로께서 말씀하셨다.

"좋습니다. 야마까여. 이제 그대는 정견을 얻고 사물을 있는 그대로 보는 것입니다."

이러한 삿된 견해가 있을 때는 두 가지 측면에서 그릇된 관점을 가지고 있는 것이다. 첫째로 아라한을 실재하는 개체로 그릇되게 보는 것은 유신견에 해당되며, 둘째로 아라한이 죽을 때 아무 일도 일어나지 않고 다만 망각 속으로 사라질 뿐이라는 또 하나의 견해는 단견에 해당된다. 거기에다 야마까는 열반을 헛된 것으로 간주한 것이다.

따라서 유신견을 가진 자는 열반에 들 수 없다는 사실이 확실해졌다. 아라한의 임종 시 아무것도 남는 것이 없으며 아무 일도 일어나지 않는다는 견해는, 열반이란 모든 것이 소멸되고 헛된 상태라고 하는 단멸론자의 견해와 같다.

유신견을 가지는 것은 너무도 두려운 일이다. 왜냐하면 아무리 엄격하게 열심히 위빠사나 수행을 하는 자라도 결코 최후의 해탈을 얻을 수 없기 때문이다.

이러한 사견들은 연기법에 대한 이해와 지식이 없을 때 뚜렷하게 나타난다.

3. 찬나 장로

찬나(Channa) 장로는 왕궁의 시종이었는데 싯달타 왕자가 진리를 찾아 왕궁을 떠날 때 왕자를 따라 나왔다. 찬나는 싯달타 왕자가 붓다가 되신˚ 후 얼마 지나지 않아 비구가 되었다.

그는 위빠사나 수행을 매우 열심히 했지만 이상하게도 도과의 첫째 단계인 수다원에도 이를 수가 없었다. 찬나는 다른 비구들에게로 가서 무상과 고를 보았음에도 불구하고 도과를 얻을 수가 없다고 말했다.

그는 무려 40년 이상이나 노력하면서 오온의 일어남과 사라짐을 보는 통찰력을 얻었음에도 불구하고 도과의 첫째 단계에조차 이를 수가 없었던 것이다.

찬나는 물질이 무상하며 느낌과 지각, 행과 의식 또한 무상하다는 사실을 알고 있었다. 그러나 무아를 대상으로 할 때면 마치 높은 절벽의 가장자리에 서서 어느 순간이라도 곧 떨어질 것만 같은 느낌이라고 말했다. 더욱이 오온이 무아라면 그 자신을 도대체 누구로 여겨야 하며, 도대체 무엇을 피난처로 의지하겠느냐고 물었다. 찬나는 자아 개념이 너무나 확고하여 무아에 대해 명상할 때면 마치 절벽의 가장자리에 서 있는 듯한 위기감을 느꼈던 것이다.

그렇게 40여 년의 세월이 흘러 붓다께서는 반열반에 드셨다. 낙심과 후회에 젖은 찬나 비구는 이 사원 저 사원으로 옮겨 다니며 다른 비구들에게 가르침과 충고를 줄 것을 간청하였으나 아무런 소용이 없었다.

마침내, 아난다(Āananda) 장로야말로 자기를 바른 길로 이끌어 주실 분이라는 생각이 든 찬나는 자신이 머물던 수행처를 떠나 아난다 장로가 계시는 꼬삼비(Kosambhi)로 갔다.

찬나의 이야기를 들은 아난다 장로께서는 그를 가로막고 있는 것이 바로 연기에 대한 이해의 부족이라는 것을 간파하셨다.

아난다께서는 찬나를 위로하고는 붓다께서 만타니(Mantāni)의 아들인 까짜야나(Kaccāyana)를 가르치신 방식으로 연기법에 대해 설명하셨다.

연기법에 대해 충분히 숙지한 찬나 비구는 드디어 유신견과 상견, 단견을 완전히 뿌리 뽑고 종식시킬 수 있었다. 그러자 첫 번째 도와 과의 깨달음이 그에게 왔다.

분명한 것은 찬나 비구가 지난 40여 년 동안 도과의 첫 번째 단계조차 얻지 못한 것은 바로 연기법에 대한 무지 때문이라는 사실이다.

말할 필요도 없이 연기법은 위빠사나 수행을 열심히 하는 수행자에게 있어 필수 불가결한 것이다. 만일 수행자가 연기법을 숙지하지 못한다면 오온에 대한 참된 지식을 얻을 수가 없다. 또 일어남과 사라짐이라는 오온에 대한 참된 지식을 알지 못하기에 오온에 착 달라붙어 있는 사견들을 제거하고 종식시킬 수가 없는 것이다. 이들 사견이 있는 한 사견과는 한시도 떨어질 수 없는 동반자인 무명과 갈애가 일어나 지배할 것이다.

이미 거론한 바와 같이 사견은 무명과 갈애보다 더 해롭고 더 나쁜 것이다. 왜냐하면 그것은 모든 고귀한 도와 과가 시작되는 수다원의 첫 번째 단계로 가는 길을 막고 있기 때문이다. 더욱이 사견은 사악도로 가는 확실한 토양이 된다 그러나 갈애는 좋은 세계로 가는 것을 가로막지는 않는다.

사견은 무명과 갈애보다 더 무섭고 위험하다. 왜냐하면 모든 무명과 갈애가 사악도로 떨어질 위험을 초래하는 것은 아니기 때문이다. 아라한의 도를 얻어야만 무명을 완전히 뿌리 뽑고 종식시키는 반면, 갈애는 그보다 낮은 단계에서 뿌리 뽑을 수 있다. 무명이 있을지라도 아라한보다 낮은 세 단계의 도와 과는 얻을 수가 있다.

화원정사의 기증자로 잘 알려진 보시 수행자 위사카[주해3)]는 수다원을 얻었다고 알려졌음에도 불구하고 사랑하는 손자가 죽었을 때 눈물을 흘렸다고 전해진다. 하지만 위사카에게 일어난 그러한 정신적 괴로움과 절망은 사악도로 떨어지는 위험을 초래하는 성질의 것은 아니었다.

4. 비구 사띠는 어떻게 사견을 가지게 되었는가

이 이야기는, 의식은 영구불변하고, 변화하는 것은 오직 몸뿐이라는 사견을 가졌던 사띠(Sāti)라는 비구에 관한 것이다. 그는 이러한 생각이 붓다께서 가르치신 바와 일치한다고 다른 비구들에게 말하였다.

붓다께서 설하신 열 개의 본생담(Jātaka)^{주해4)}에 나와 있는 떼미야, 자나까, 수완나사마, 부릿다, 짬뻬야, 위두라, 마호사다, 니미야, 나라다, 웨산따라의 이야기를 들은 후 사띠 비구는 떼미야로부터 웨산따라에 이르기까지의 모든 존재들이 동일하고 항상하는 존재로 다만 몸만이 변화한다고 생각했다. 그리고 의식은 하나로서 동일하며 영구불변한 것이라고 믿었다.

사띠 비구가 이러한 잘못된 견해를 퍼뜨리자 비구들은 위대한 스승께서 설하신 참된 법을 그릇되게 이해하는 것이 좋지 않다고 충고하였다. 그럼에도 불구하고 사띠 비구는 고집스럽게 자신의 그릇된 믿음을 계속해서 퍼뜨렸고 이를 말릴 수 없었던 비구들이 붓다께 가서 이 사실을 말씀드렸다.

붓다께서는 사띠 비구를 불러 그러한 견해를 확신하고 있는 것이 사실인지의 여부를 물어보셨다. 사띠 비구는 그릇된 사견을 가지고 있음을 인정하였다.

붓다께서 말씀하셨다.

"어리석은 자여, 너는 누구로부터 내가 그러한 법을 설했다고 들었는가? 내가 모든 의식의 조건 지어진 성질^{주해5)}에 대해 다양한 방법으로 분명하게 설명하지 않았던가? 적합한 원인이 없이는 어떠한 의식도 일어나지 않는다고 내가 반복해서 보여주지 않았던가? 다른 모든 법과 마찬가지로 의식은 지속되지 못하고 일시적이며 무상하고 항상 변하며 똑같은 상태로 연속적인 두 순간을 지속하지 못하는 것이라고 가르치지 않았던가?"

붓다께서 다른 비구들을 향해 말씀하셨다.

"비구들이여, 어떠한 의식이 일어나든 간에 그것은 오직 어떤 원인에 의해 일어난다. 감각기관과 대상이라는 두 가지 것에 의존하여 의식이 일어난다. 눈과 보이는 대상의 접촉이 있을 때 안식이 일어난다. 이와 같이 눈과 소리, 코와 냄새, 혀와 맛, 몸과 부딪침, 마음과 생각에 의존하여 이식, 비식, 설식, 신식, 의식이 각각 일어난다. 이것은 마치 연료로 인해 불이 피어오르는 것과 같다. 오직 이러한 원인을 통해서만 저러한 결과가 일어나는 것이다. 만일 나무가 타고 있다면 그것을 장작불이라고 한다. 만일 소똥이 타고 있으면 그것을 소똥불이라고 한다. 대나무나 풀이 타고 있다면 그에 따라 이름 지어질 것이다. 똑같은 방식으로 의식은 그 대상과 감각기관에 따라 일어난다. 그러므로 이것이 존재하므로 저것이 존재하고, 이것이 일어나므로 저것이 일어난다. 이것이 멈추면 저것 또한 멈춘다.

이것이 연기에 따라 현상들이 인과적으로 연관되어 일어나는 모습이다."

현생의 의식은 죽는 순간의 마음인 사몰심(死沒心)[주해6]으로 종결되고 내생에서의 새로운 의식은 재생연결식(再生連結識)[주해7]으로 일어난다. 떼미야 왕자의 의식은 그가 죽을 때 사몰심으로 종결되었으며, 새로운 의식이 다음 존재에서 재생연결식으로 나타났다. 이와 같이 자나까 위두라, 수안나사마와 웨산따라 왕자의 의식도 각자의 생에서 사몰심으로 종결되었으며, 새로운 생에서 재생연결식으로 다시 시작되었다.

도표를 참고하면 부분 2에서 업의 형성과 의식이 연결되는 첫 번째 연결고리를 볼 수가 있다.

예를 들어 보자. 어떤 개구리 한 마리가 붓다의 설법인지 알지 못하고 그저 듣기가 좋아서 즐거운 마음으로 듣고 있다가 목동의 뾰족한 지팡이에 찔려 우연히 죽음을 맞게 되었다. 이 개구리는 천계의 33천(三十三天)^{주해8)}에 천인의 아들로 태어났다. 여기서 분명히 이해해야 할 것은 개구리의 의식이 천인의 몸을 따라간 것도, 몸 안으로 들어간 것도 아니라는 사실이다. 이것은 오직 인과법에 따른 것이었다.

불교에서는 영혼이 옮겨 간다는 것은 없다. 환생이라는 것도 불교에서는 철저히 부정된다. 실제로 일어난 것은 개구리라는 과거 생의 사몰심이 선행하는 원인이 되어 천인의 재생연결식이란 결과로 나타난 것이다. 달리 말하면 천인의 재생연결식은 개구리의 사몰심을 원인으로 하여 일어났다. 어떠한 영혼이나 의식이 한 존재와 다음 존재에서 일치되어 나타나는 것이 아니기 때문에 천인의 의식과 개구리의 의식이 하나이거나 동일한 것이 아니라는 점을 분명히 숙지해야 한다. 다른 의식으로 옮겨 가는 영혼이나 의식은 없다. 왜냐하면 이미 말했듯이 의식은 일시적이며 무상하고 항상 변하며 동일한 상태로 연속적인 두 순간을 지속하지 못하기 때문이다.

이와 똑같이 화원정사의 기증자로 알려진 위사카는 죽어서 도솔천(兜率天)^{주해9)}의 왕비인 수니미따(Sunimmita)가 되었다. 앞에 든 예와 같이 위사카의 의식은 도솔천의 왕비인 수니미따의 몸을 따라간 것이 아니었다. 다만 선행한 위사카의 사몰심으로 인하여 태어남이라는 결과를 받아 새로운 생에서 재생연결식으로 일어난 것이다. 한 생에서 다음 생으로 넘어가는 것은 아무것도 없다는 사실을 반복해서 말한다. 이는 단지 원인과 결과의 법칙에 의한 것일 뿐이다.

그러므로 만일 현생의 의식이 다음 생의 의식과 동일한 것이라는 그릇된 믿음이나 견해가 있다면 그것은 상견(常見)에 해당된다. 한 존재의 죽음 이후에 아무것도 없다고 하는 그릇된 견해를 가지는 것은 단견(斷見)에 해당된다. 이들 두 가지 극단에서 벗어나는 길은 오로지 도와 과로 인도하는 중도(中道) 뿐이다. 사견이라는 형태로 장애와 방해물이 있으면 결코 도과를 성취할 수 없다. 위빠사나 수행을 아무리 열심히 한다고 해도 도과의 첫 번째 단계조차도 얻을 수가 없는 것이다.

주해(註解)

〈주해 1〉 아나함과[不還果. Anāgāmi Phala] : 아나함과는 성인의 4과(四果) 중에 세 번째에 해당하는 과이다. 아나함과를 불환과(不還果)라고 하는데, 죽은 뒤에 인간으로 태어나지 않고 천상의 정거천(淨居天)에 태어나서 그곳에서 아라한이 되어 윤회가 끊어진다. 천상에서는 괴로움이 없어 수행을 하지 않는다. 다만 아나함이 머무는 정거천만이 천상에서 유일하게 수행을 하여 윤회를 끊는다.

인간으로 살면서 아나함의 도과를 성취하면 가족과 함께 살 수가 없어 출가를 하거나 독립하여 수행을 해야 한다. 만약 가족과 함께 살면서 부부생활을 할 경우에는 일주일 이내에 죽는 것으로 알려져 있다.

〈주해 2〉 아라한(阿羅漢. Arahant) : 열 가지 족쇄가 불타 버려서 탐진치가 완전하게 끊어진 성인(聖人)을 말한다. 공양 받을 자격이 있어서 응공(應供)이라고도 한다. 아라한은 다시 윤회하지 않는다. 아라한은 최고의 깨달음을 얻은 정신적 지위를 말하는 것으로 아라한은 있어도 아라한을 얻은 자는 없다.

오온은 무상하며 자아가 없기 때문에 아라한을 관념적인 인격체, 즉 실재하는 개체로 보는 유신견은 잘못된 것이다. 오온은 매순간 조건에 의해 생멸하기 때문에 조건에 의해 소멸될 뿐이다.

〈주해 3〉 위사카(Visākhā) : 『유명소경』에서 나오는 담마디나의 남편 위사카가 아니고 화원정사를 기증한 위사카이다.

〈주해 4〉 본생담(本生談. Jātaka) : 붓다가 되기 전 수많은 생애 동안 윤회를 거듭한 전생의 삶을 기록한 내용이다. 그중 10개의 본생담에 나오는 인물들이다.

〈주해 5〉 조건 지어진 성질 : 원인과 결과의 법으로 유위성(有爲性)을 말한다. 마음과 마음의 작용과 몸에서 일어나는 모든 것은 조건 지어진 성질을 가지고 있다.

〈주해 6〉 사몰심(死沒心. Cuti Citta) : 죽을 때의 마음을 말한다. 모든 생명들은 태어날 때 재생연결식(再生連結識)이라는 태어나는 마음이 있어서 태어난다. 그 뒤 죽을 때의 마음인 사몰심이 일어나서 사라짐으로 인해 일생을 마감한다.

이 사몰심이 생멸하면서 즉시 다음 생의 재생연결식이 일어난다. 이 과정을 윤회한다고 말한다. 사몰심과 재생연결식은 일생에 한 번 있는 마음이다. 재생연결식으로 정신과 물질이 생긴 뒤에 사몰심으로 생을 마감할 때까지 마음은 몸을 떠날 수 없다.

사몰심이 몸을 떠날 때가 사망을 한 것이며, 사몰심이 몸을 떠나는 정확한 순간은 부처의 혜안으로밖에 알지 못한다. 죽을 때의 마음인 사몰심의 상태에 따라 다음 생의 마음이 결정된다. 예를 들어 죽을 때의 마음이 선하고 사람으로 태어나는 조건의 마음이 되었을 때 마음의 종자가 다음 생인 재생연결식으로 전해져서 사람으로 태어난다. 같은 예로 죽을 때 지옥의 마음이면 지옥에 태어난다.

〈주해 7〉 재생연결식(再生連結識. Paṭisandi Viññāna) : 다시 태어날 때의 마음을 말한다. 이를 결생심(結生心)이라고도 한다. 사몰심을 원인으로 하여 재생연결식이 일어나며, 이때 한 일생이 시작된다. 인간의 경우는 재생연결식에 의해 입태를 하는 과정이 생긴다.

생애 최초의 재생연결식에 의해 한 생의 몸과 마음이 결정되며, 재생연결식은 한순간에만 존재하고, 다음 마음인 바왕가로 연결된다.

〈주해 8〉 33천(三十三天. Tāvatimsa) : 욕계(欲界)의 천상(天上)은 6개인데, 첫 번째가 네 개의 지역으로 이루어진 사천왕천(四天王天)이고, 두 번째가 33천(三十三天)이다. 33천은 천상의 종류가 33개 되는 것을 말하는 것이 아니고 욕계 천상에 있는 33명의 천인들의 영역을 말한다. 욕계 천상은 믿음·보시·지계의 공덕으로 태어나는 곳이다.

〈주해 9〉 도솔천(兜率天. Tusita) : 도솔천은 욕계 천상의 네 번째 세계이다. 도솔
천을 뜻하는 빨리어 뚜시따(Tusita)는 만족, 기쁨이란 뜻으로 행복한 세
계를 말한다. 고따마 붓다께서 붓다가 되기 위해 머무시던 곳도 도솔천
이며, 미래에 출현하실 붓다가 머무시는 곳도 도솔천이다.

제15장
위빠사나 수행과 알아차림의 확립[念處]

1. 위빠사나^{주해1)} 수행^{주해2)}

알아차림을 확립^{주해3)}하는 『염처경(念處經)』^{주해4)}은 불교도들에게 널리 알려져 있는 경전이다. 네 가지의 염처는 마치 탑으로 올라가는 네 곳의 계단과 같다. 어느 계단으로 올라가든 탑에 이를 수 있다.

위빠사나 수행의 네 가지 알아차릴 대상은 다음과 같다.

몸에 대한 알아차림[身念處. Kāyānupassanā]^{주해5)}
느낌에 대한 알아차림[受念處. Vedanānupassanā]^{주해6)}
마음에 대한 알아차림[心念處. Cittānupassanā]^{주해7)}
법에 대한 알아차림[法念處. Dhammānupassanā]^{주해8)}

위빠사나 수행을 할 때 만일 몸을 대상으로 알아차리는 신념처 수행을 하는 경우라도 나머지 세 가지의 알아차림을 제외하는 것이 아니라는 사실을 분명하게 아는 것이 중요하다. 이들 네 가지 대상을 이렇게 구별하는 것은 한 대상을 좀 더 강조하거나 분명하게 주의를 기울여 알아차리는 것을 의미한다. 『염처경』의 각 장 끝에서 두 번째 단락에는 다음과 같은 구절이 나온다.

"일어나는 대상[法]을 알아차리면서 지낸다.
사라지는 대상을 알아차리면서 지낸다.
일어나고 사라지는 대상을 알아차리면서 지낸다."

위의 세 가지 요점이 위빠사나 수행의 중요한 핵심이다. 그러므로 수행자가 이들 세 가지 요점들을 확실하게 숙지하기 전까지는 단지 '알아차림'을 의미하는 염처(念處. Satipatthāna)에 불과할 뿐이며, 단지 이런 알아차림만으로는 위빠사나의 좀 더 높은 단계로 발전할 수 없다. 많은 수행자들이 훌륭한 의도를 가지고 진지한 노력을 하고도 알아차림이나 마음이 하나로 모아지는 집중의 상태에 머물러 헤매는 것을 볼 수 있다. 물론 일정 단계인 집중을 이루는 데까지는 분명히 이러한 마음의 상태가 필요하다.

『염처경』 각 장의 마지막 단락에는 염처에 따라 다음과 같이 동일한 구절이 있다.

"몸에 대하여 몸을 알아차리면서 지낸다."[주해9]

이는 수행자가 몸의 호흡을 알아차릴 때 들숨 날숨에 대한 알아차림을 확립한다는 의미이다.

또 이런 구절도 있다.

"더 높은 지혜와 알아차림을 위해 필요한 정도까지 알아차림이 확립된다. 이제 그는 갈망과 그릇된 견해에 의하여 어떤 것에 의존하지 않고 지낸다."

이는 수행자가 통찰력을 점차 계발시켰다는 의미이다. 수행자는 이 시점에서 위빠사나의 단계에 도달한다. 그리하여 그는 몸[身], 느낌[受], 마음[心]과 마음의 대상[法]을 자신의 것으로 여기지 않는다. 또 '나는 수행한다' 혹은 '수행하는 것은 나다, 내 집중력은 매우 좋다, 날숨과 들숨에 대한 알아차림이 매우 만족스럽다'라고 생각하지도 않는다.

"집착의 다섯 가지 무더기[五取蘊]의 세상에서 그는 어떤 것에도 집착하지 않는다." 이제 수행자는 더 이상 몸, 느낌, 지각과 행 그리고 의식에 대해서 '나', '나의 몸', '나의 느낌' 또는 '나의 마음'이라고 집착하지 않는다.

"비구들이여, 이와 같이 비구는 몸에 대하여 몸을 알아차리며 지낸다." 이것이야말로 수행자가 몸을 지속적으로 알아차리는 신념처 수행을 하는 바른 길이다.

오늘날의 위빠사나 수행에 대해 솔직하게 말하면 대부분의 수행자들이 위빠사나 수행을 완성하지 못할 뿐 아니라 그 절반에도 이르지 못하고 있다. 왜냐하면 『염처경』의 가장 중요한 핵심인 "일어나고 사라지는 대상을 알아차리면서 지낸다"는 것을 간과하고 있기 때문이다.

2. 알아차림의 확립[念處]

대장로 모곡 사야도께서는 알아차림의 확립[念處]을 다음 세 가지 단계로 나누었다.

(1) 알아차림의 확립 : 알아차릴 대상에 마음을 보내 알아차림을 실행함
(2) 알아차림을 확립하는 수행 : 대상의 일어남과 사라짐을 알아차림
(3) 알아차림의 확립으로 이끄는 길 : 일어남과 사라짐이라는 업의 형성[行]을 소멸로 이끄는 길

위의 세 가지를 보다 명료하게 설명하면 다음과 같다.

(1) 어떤 일어난 대상, 예를 들면 숨을 들이쉬고 내쉬는 것이나 몸과 마음의 움직임을 알아차리는 것에 마음을 집중하여 고정시키는 것을 알아차림의 확립이라고 한다.

(2) 몸, 느낌, 마음, 법이 일어났다가 순간적으로 사라지는 것을 알아차리는 것(일어나고 사라지는 법을 지속적으로 알아차림)을 알아차림을 확립하는 수행이라고 한다. 알아차림과 함께 알아차림을 지속시키는 것이 수행이다.

(3) 조건 지어진 현상에 대한 지혜, 즉 오온의 일어남과 사라짐을 혐오스럽다고 아는 것이 알아차림의 확립으로 이끄는 길이다. 이 길은 일어남과 사라짐이라는 업의 형성[行]을 소멸로 이끄는 길이다.

빨리어 아누사띠(Anussati)는 기억, 알아차림을 말하는 것으로 사마타로 분류되는 반면, 아누빠사나(Anupassana)는 알아차림, 지속적으로 알아차려서 통찰하는 수관(隨觀)으로 위빠사나로 분류된다. 이와 같은 통찰을 통하여 오온의 일어남과 사라짐을 무상, 고, 무아로 아는 지혜가 없으면 결코 위빠사나에 이를 수 없다.

붓다께서 전법 수행자인 수시마(Susima)에게 말씀하셨다.

"수시마여, 도과를 성취하는 것은 집중으로 인한 것이 아니라 위빠사나의 지혜로 인하여 도과를 성취하는 것이다. 위빠사나만이 열매를 맺을 수 있고, 바람직한 결과를 이룰 수 있으며, 오로지 이를 통해서만 도과를 성취할 수 있다."

붓다께서 계속하여 말씀하셨다.

"실로 수시마여, 진리 안에 머무는 지혜[法住智]$^{주해10)}$가 먼저이고 이후에 열반에 대한 지혜가 있다."

이 말은 "실로 수시마여, 있는 그대로를 아는 지혜[如實智見. 항상 일어났다 사라지고 있는 우리 존재의 실재에 대한 통찰 지혜]가 먼저 오고 다음으로 열반에 대한 지혜가 뒤따른다"는 것을 의미한다.

달리 말하자면 수행자는 꿰뚫는 통찰력으로 처음에는 일어남과 사라짐의 현상이 바로 고통일 뿐이라는 사실을 먼저 깨닫고, 그다음으로 조건 지어진 현상[有爲法]$^{주해11)}$은 불쾌하며 혐오스럽고 전혀 바람직하지 못하다는 사실을 아는 것이다.

붓다께서는 두 단계의 통찰을 거쳐 마지막 단계의 깨달음을 얻을 수 있다고 명백히 가르치셨다. 한편 『초전법륜경』에서는 세 단계의 지혜, 즉 진리의 지혜(Sacca-Ñāṇa), 실행의 지혜(Kicca-Ñāṇa), 수행의 지혜(Kata-Ñāṇa)를 통해 이를 얻을 수 있다고 가르치셨다.

그러므로 길고 지루한 길을 따라가지 말그 붓다께서 가르치신 지름길로 가고자 노력할 것을 초보 수행자에게 권하는 바이다.

〈주해 1〉 위빠사나(Vipassanā) : 빨리어 위빠사나(Vipassanā)는 위(vi)와 빠사나
(passanā)의 합성어이다. 위(vi)는 접두사로 분리, 다르다, 구별 등의 뜻을
가지고 있으며, 빠사나(passanā)는 주시, 수관(隨觀), 지속적인 알아차림
등의 뜻을 가지고 있다. 그래서 위빠사나는 대상을 분리해서 알아차리
는 수행이며, 올바른 직관으로 불리기도 한다. 이렇게 분리해서 알아차
리면 존재하는 것들의 속성인 무상·고·무아의 법을 통찰하게 된다.
위빠사나는 붓다께서 깨달음을 얻으신 수행방법이다. 붓다가 출현하기
이전에는 하나의 대상에 집중하고 고유한 특성이 없는 관념을 대상으로
하는 사마타(samatha) 수행밖에 없었다. 그러나 붓다께서는 자신의 몸과
마음의 고유한 특성을 알아차리는 위빠사나 수행으로 깨달음을 얻으셨
다. 사마타는 멈춤을 뜻하는 지(止) 수행이며, 위빠사나는 직관을 하는
관(觀) 수행이다. 사마타 수행의 집중은 근본 집중을 하며, 위빠사나 수
행의 집중은 찰나 집중을 한다.

〈주해 2〉 수행(修行. Bhāvanā) : 빨리어 바와나(Bhāvanā)는 수행, 명상, 마음의 계
발이라는 뜻이다. 선하다는 것은 세 가지를 말하는데, 첫째, 관용이 있
어야 하고, 둘째, 지계로 계율을 지켜야 하고, 셋째, 수행을 해야 한다.
이상 세 가지 조건을 성숙시켜야 선하다고 말할 수 있다. 선한 것의 조
건인 수행은 크게 나누어서 사마타 수행과 위빠사나 수행이 있다. 수행
방법에 따라 먼저 사마타 수행을 한 뒤에 위빠사나 수행을 하는 방법과
사마타 수행과 위빠사나 수행을 병행하는 방법이 있으며, 처음부터 위
빠사나 수행으로 시작할 수도 있다. 깨달음을 얻기 위해서는 반드시 위
빠사나 수행의 과정을 거쳐야 한다.

〈주해 3〉 알아차림의 확립〔念處. Satipaṭṭhāna〕 : 빨리어 사띠빠타나(Satipaṭṭhāna)
는 사띠(sati)와 빠타나(paṭṭhāna)의 합성어이다. 사띠는 기억, 알아차림을
뜻하며 빠타나는 현존하는, 인식하고 있는, 확립하는 등의 의미를 가지
고 있다. 그래서 사띠빠타나는 '알아차림의 확립, 알아차림이 튼튼하게
머무는 것, 염처(念處) 등등의 의미를 가지고 있다. 붓다께서 알아차림
의 확립만이 깨달음으로 가는 유일한 길이라고 선언하셨다.

〈주해 4〉『염처경(念處經. Satipaṭṭhāna Sutta)』: 알아차림을 확립하는 수행과 수행
방법을 설하신 경전이다. 빨리어 경전에는 두 가지『염처경』이 있다.
첫째,『맛지마니까야(Majjima Nīkāya)』의 열 번째 경에 사띠빠타나 수따
(Satipaṭṭhāna Sutta)라는『염처경』이 있다.
둘째,『디가니까야(Digha Nīkāya)』의 스물두 번째 경인 마하 사띠빠타나
수따(Mahā Satipaṭṭhāna Sutta)라는『대념처경(大念處經)』이 있다.『대념
처경』에서는 법념처(法念處)의 사성제(四聖諦)를 자세하게 다루고 있다.
『염처경』의 네 가지 알아차릴 대상은 신(身. 몸), 수(受. 느낌), 심(心. 마
음), 법(法. 마음의 대상)이다. 이상 네 가지는 알아차림의 근본 대상으로
서 사념처(四念處)라고 한다.『대념처경』은 사마타 수행과 위빠사나 수
행에 대한 다양한 방법들이 제시되어 있다.

〈주해 5〉 신념처(身念處. Kāyānupassanā) : 빨리어 가야(kāya)는 신체, 몸이란 뜻이
며 아누빠사나(anupassanā)는 알아차림, 지속적인 알아차림 또는 수관(隨
觀)을 의미한다. 일반적으로 알아차림을 말할 때는 반드시 지속적인 알
아차림이 함께 포함되어 있다.
빨리어 경전의 전편에서는 몸과 마음이라고 말하지 않고 정신과 물질이
란 표현을 쓴다. 이것을 빨리어로 나마 루빠(nāma rūpa)라고 한다. 그러나
사념처(四念處) 수행에서는 몸, 신체라는 뜻의 가야(kāya)를 사용한다.
신념처의 여섯 가지 대상은 다음과 같다.
(1) 호흡에 대한 알아차림
(2) 몸의 자세에 대한 알아차림
(3) 분명한 앎을 지닌 알아차림

(4) 몸에 대해서 싫어하는 마음을 일으킴에 대한 알아차림

(5) 네 가지 물질의 요소에 대한 알아차림

(6) 묘지에서 시체의 아홉 가지에 대한 알아차림

〈주해 6〉 수념처(受念處. Vedanānupassanā) : 위빠사나 수행에서 차지하는 느낌의
비중은 매우 높다. 실제로 우리가 아는 모든 것은 느낌으로 안다. 그러
므로 느낌이 없으면 아는 것이 성립될 수 없다. 특히 위빠사나 수행은
관념이 아닌 몸과 마음의 실재하는 성품을 아는 것으로, 이것들이 모두
느낌이다.

수념처의 세 가지 대상은 다음과 같다.

(1) 맨 느낌 : 안·이·비·설·신·의에 대한 기본 느낌

(2) 육체적 느낌 : 좋은 느낌, 싫은 느낌

(3) 정신적 느낌 : 정신적으로 좋은 느낌, 정신적으로 싫은 느낌, 덤덤한
느낌

모곡 사야도께서는 위빠사나 수행자가 알아차려야 할 느낌을 열두 가지로
분류하였다. 자세한 내용은 제22장 수념처(受念處)에서 밝히기로 한다.

〈주해 7〉 심념처(心念處. Cittānupassanā) : 『염처경』에 있는 알아차릴 마음의 대
상은 8가지를 쌍으로 한 16가지이다.

심념처의 16가지 대상은 다음과 같다.

(1) 탐욕이 있는 마음·탐욕이 없는 마음

(2) 성냄이 있는 마음·성냄이 없는 마음

(3) 어리석음이 있는 마음·어리석음이 없는 마음

(4) 위축된 마음·위축되지 않은 마음

(5) 커진 마음(선정 수행을 한 마음)·커지지 않은 마음

(6) 향상된 마음(색계·무색계 선정 수행을 한 마음)·향상되지 않는 마음

(7) 집중된 마음·집중이 안 된 마음

(8) 자유로워진 마음(해탈한 마음)·자유롭지 않은 마음

이상의 마음이 있을 때 있는 그대로 알아차리는 것이 심념처 수행이다.

이상은 사마타 수행과 위빠사나 수행에서 일어나는 모든 마음을 종합한

것이다.

모곡 사야도께서는 위빠사나 수행자가 알아차려야 할 마음을 열세 가지로 분류하였다. 자세한 내용은 제19장 심념처(心念處)에서 밝히기로 한다.

〈주해 8〉 법념처(法念處. Dhammānupassanā) : 법(法)은 마음이 알아차릴 대상을 말한다. 수행 중에 나타나는 육체적·정신적 현상이 모두 법이며 알아차릴 대상에 속한다. 특히 장애가 일어나는 것도 알아차릴 대상으로 법이라고 한다.

법념처의 다섯 가지 대상은 다음과 같다.

(1) 5가지 장애[五蓋] : 감각적 욕망, 악의, 혜태와 혼침, 들뜸과 회한, 회의적 의심

(2) 오취온(五取蘊) : 색·수·상·행·식에 대한 집착

(3) 십이처(十二處) : 안·이·비·설·신·의와 색·성·향·미·촉·법

(4) 칠각지(七覺支) : 알아차림. 법에 대한 탐구, 정진, 기쁨, 평온, 집중, 평등

(5) 사성제(四聖諦) : 고(苦)·집(集)·멸(滅)·도(道)

〈주해 9〉 "몸에 대하여 몸을 알아차리며 지낸다"라는 구절은 『대념처경』에서 각 염처의 마지막 단락에서 동일하게 반복되는 내용이다. 이 의미는 몸을 알아차릴 때는 오직 몸이 있다고 하는 알아차림을 확립해야 한다는 것이다. 수념처, 심념처, 법념처의 마지막 단락에서도 동일 내용이 반복된다.

"느낌에 대하여 느낌을 알아차리면서 지낸다."

"마음에 대하여 마음을 알아차리면서 지낸다."

"법에 대하여 법을 알아차리면서 지낸다."

이상은 어떤 것을 대상으로 알아차리더라도 그 대상을 있는 그대로 알아차려서 탐진치가 개입되지 않게 그냥 단순한 대상으로 삼아야 하는 것을 말한다.

예를 들어, 몸을 있는 그대로 알아차리게 되면 다음과 같다.

첫째, 집착으로부터 자유로워져 그냥 몸으로 보게 된다.

둘째, 몸을 있는 그대로 알아차리면 '나의 몸'이라고 하는 유신견이 생

기지 않는다.

셋째, 몸 이외의 것을 대상으로 하지 않아 집중력을 기르게 된다.

넷째, 몸의 움직임을 알아차릴 때 모든 움직임은 마음의 의도에 의해 움직인다는 원인과 결과를 알게 된다.

다섯째, 이렇게 알아차릴 때 대상을 어리석음 없이 알 수 있게 된다.

위 본문에 '지낸다'라는 단어는 빨리어 위하라띠(vihārāti)를 번역한 것이다. 위하라(vihārā)는 거처, 머무는 곳, 사원 등의 의미를 가지고 있다. 그래서 '알아차리며 머문다'라고 번역될 수도 있다.

몸을 알아차릴 때 몸의 대상은 여러 가지가 있다. 몸의 호흡, 자세, 분명한 앎 등등이 있는데, 주석서에 의하면 몸의 자세를 알아차릴 때는 지속 시간에 따라서 세 가지 자세로 분류한다.

첫째, 오래 지속되는 자세는 가는 것, 서 있는 것, 앉아 있는 것, 누워 있는 것으로 행주좌와(行住坐臥)가 있다.

둘째, 중간으로 지속되는 자세는 앞으로 뒤로 가는 것, 앞으로 옆으로 바라보는 것, 구부리고 펴는 것이다.

셋째, 짧게 지속되는 자세는 걷고, 서고, 앉고, 잠들고, 깨어나고, 말하고, 침묵하는 것이다.

이상 몸을 알아차릴 때 어느 자세이거나 지속되는 시간에 따른 자세를 모두 알아차려야 한다. 말할 때도 말하는 것을 알아차리고 침묵할 때도 침묵하는 것을 알아차린다.

〈주해 10〉 진리 안에 머무는 지혜[法住智. Dhammṭṭitiñāna] : 대상을 지속적으로 알아차려서 얻는 지혜를 말한다. 대상을 알아차릴 때는 어떤 고정관념을 갖지 않고 탐진치 없이 있는 그대로 알아차리는 지혜이다.

〈주해 11〉 조건 지어진 현상[有爲法] : 유위법(有爲法)은 원인과 결과가 있고 조건 지어진 현상을 말하는데 마음, 마음의 작용, 몸을 말한다. 이는 오온을 뜻한다.

무위법(無爲法)은 원인과 결과가 없는 것으로, 열반을 뜻한다. 이상 유위법과 무위법을 합친 것을 빠라마타 담마(Paramattha Dhamma) 또는 궁극적 진리, 최승의 법이라고 한다.

제16장

심념처(心念處)의 중요성

다음은 『앙굿따라니까야(Aṅguttara-Nikāya)』에서 강조하여 반복해서 나타나는 구절이다.

(1) 붓다께서 말씀하셨다. "나는 이미 잘 닦여지고 계발된 마음만큼 융통성 있고 유연한 다른 어떤 법도 알지 못한다."

(2) 붓다께서 말씀하셨다. "나는 이미 잘 닦여지고 계발된 마음만큼 쉽게 적응할 수 있는 다른 어떤 법도 알지 못한다."

(3) 붓다께서 말씀하셨다. "나는 이미 잘 닦여지고 계발된 마음만큼 커다란 소득과 이익을 주는 다른 어떤 법도 알지 못한다."

(4) 붓다께서 말씀하셨다. "나는 이미 잘 닦여지고 계발된 마음만큼 이로운 다른 어떤 법도 알지 못한다."

(5) 붓다께서 말씀하셨다. "나는 이미 잘 닦여지고 계발된 마음만큼 더한 행복과 즐거움을 주는 다른 어떤 법도 알지 못한다."

닦여지지 않고 계발되지 않은 마음의 결과는 이와는 반대로 유추해 볼 수 있다.

『법구경』에서 붓다께서 말씀하셨다.

"마음[意]^{주해1)}이 모든 법들에 앞서가고,
마음이 그들의 주인이며,
마음에 의해서 모든 행위가 지어진다.
만일 어떤 사람이 나쁜 마음으로 말하거나 행동한다면,
그에게는 반드시 고통이 뒤따른다.
마치 수레가 황소를 뒤따르듯이."

또 다른 구절이 있다.

"세상은 마음[心]^{주해2)}에 의해서 인도되고,
마음에 의해서 이끌려간다.
모든 것들은 오직 마음이라는 하나의 법의 힘을 좇아간다."

마음은 모든 행위에 앞서가는 것이며 모든 현상에 앞서 일어난다. 모든 육체적·정신적 행위는 마음이 협력하거나 협조하지 않으면 이루어질 수 없다. 선한 행위를 하던 악한 행위를 하던 마음은 중요한 역할을 한다. 어떠한 행위도 먼저 의도하지 않고 일어

나는 경우는 없다. 의도는 오직 마음 안에서만 일어난다. 우리의 마음이 제어될 때 우리의 몸 또한 제어된다. 마음이 자유롭고 통제되어 있지 않으면 육체적인 행위 또한 아무런 제약 없이 생각과 감정을 마음대로 표현할 것이다. 따라서 마음은 우리의 모든 행위를 제어하는 핵심 요소이다.

마음은 '자아의식', '나' 또는 '개체'로서의 정체성이라는 사견이 머무르는 곳이며, 또한 유신견이 자라나는 곳이기도 하다. '나', 즉 '자아'라는 망상은 우리의 마음 뒤에서 강력한 힘으로 작용해서 어떤 정신적·육체적·언어적 행위를 일으키는데, 그것은 이런 마음의 직접적인 결과이다. 마음을 흐리게 만드는 것이 바로 '개아', '자아의식', 즉 유신견이라고 아는 것이 매우 중요하다.

상좌 불교 『아비담마』의 분별론의 주석서인 삼모하위노다니 (Sammohavinodani)에서는 알아차림의 관점에서 다음과 같이 말했다.

"잘못된 견해를 가지고 행동하는 어리석은 자에게는 지나치게 분별하지 않는 심념처 수행의 알아차림을 확립하는 것이 청정의 길이다."

이것은 사견의 성향을 가진 지성적이지 못한 수행자가 도를 얻기 위해서는 간결하고 꾸미지 않은 심념처가 적합하다는 의미이다.

삼장(三藏)에 정통한 모곡 사야도께서는 빨리어 경전에 비추어 보고 삼장과 주석서에 입각해서 오늘날의 수행자들에게 가장 적합하고 복잡하지 않고 간단명료한 방식의 심념처를 만들어 내셨다. 여기에서 비록 심념처를 강조하기는 하지만 다른 세 가지 염처의 알아차림 또한 간과해서는 안 된다. 이것은 마치 신선한 라임 원액과 설탕, 소금, 물이 들어 있는 라임 주스와 같다. 이처럼 대상으로 하는 염처만큼 두드러지거나 명백하지는 않을지라도 나머지 세 가지의 염처 또한 포함되어야 한다.^{주해3)} 이들은 상응(相應)하는 법(法)^{주해4)}으로서 함께 존재하며 일어남과 사라짐이 동시에 일어난다.

자신의 마음을 아는 방법에 대한 경전인 『사찌따빠리야야 수따(Sacittapariyaya Sutta)』에서 대장로 사리뿟따(Sariputta)께서는 다음과 같이 말씀하셨다.

"다른 사람의 마음을 읽는 것은 맞을 수도 있고 틀릴 수도 있어 쉽지 않다. 그러나 자신의 마음을 읽는 것은 틀릴 수가 없다. 왜냐하면 자신의 마음속에 무엇이 일어나는지 아는 것은 매우 쉽기 때문이다."

여기에서 수행자는 자기 자신의 마음을 지켜보는 것은 매우 쉽다는 사실을 아는 것이 중요하다. 자신의 마음속에 탐심이 일어난다고 가정해 보자. 그때 우리는 탐심이 마음 안에서 일어나고 있다는 것을 쉽게 알 수 있다. 성냄과 어리석은 마음이 일어날 때에도 일어나고 있다는 걸 즉시 알 수 있으며, 사라질 때도 사라지는 것을 알 수 있다.

한편, 미얀마의 많은 불교인들은 마음이 한 존재에서 다른 존재로 옮겨 간다거나 환생한다고 하는 그릇된 견해에서 벗어나지 못하고 있다. 또 많은 사람들이 영혼이 존재한다고 그릇되게 믿고 있다.1) 어떤 이들은 한 존재가 죽을 때 몸을 떠나는 것은 영혼이라고 말하기도 한다.주해5) 어떤 사람들은 모기 유충이 번데기가 되어도 계속해서 성충에 매달려 있는 것과 같이 거주할 빈자리가 없으면 영혼이 몸에 매달려서 떠나지 않는다고 믿는다. 이러한 잘못된 견해는 조상 대대로 깊이 뿌리박혀 전해 내려져 왔다. 그러나 한 존재에서 다른 존재로 영혼이 옮겨 가서 환생한다고 하는 믿음은 사견일 뿐이다. 위에서 말한 것과 같은 그릇된 견해는 마음이 영원히 지속되는 것으로 알고, 죽을 때 오직 몸만

---

1) 재생(再生. rebirth)에 관한 불교의 가르침은 영혼계래나 환생(reincarnation)과는 완전히 다르다는 점을 이해해야 한다. 왜냐하면 불교는 신에 의해 창조되었거나 대범천으로부터 퍼져 나와 다음 존재로 옮겨 가는 불변하는 영혼의 존재를 완전히 부정하기 때문이다.

이 사라질 뿐이라고 하는 그릇된 믿음 때문에 유지되어 내려온 것이다.

이들은 아직 바른 연기법의 지식을 얻지 못한 까닭에 마음이 무상하고 끊임없이 일어났다 사라지는 과정을 겪고 있다는 것을 바르게 이해하지 못하고 있다. 마음은 동일한 시간과 공간에서 일어나고, 일어난 곳에서 1센티미터도 움직이지 못하고 즉시 사라지며, 한순간에 하나밖에 일어날 수 없기 때문에 연속적인 두 순간에 동일하게 지속될 수 없다.

모곡 사야도께서 심념처의 중요성을 강조한 것은 불자들의 의식 속에 깊게 뿌리 내려진 마음에 관한 그릇된 견해를 제거하기 위한 것이었다.[2]

---

2) 대장로 모곡 사야도께서는 대중들에 대한 깊은 자비를 가지고, 고통스럽고 비참한 사악도로 떨어질 위험에서 구제받으려면 사견을 제거해야만 한다는 것의 중요성과 필요성을 강조하셨다. 수다원의 첫 번째 과를 얻기 위해서는 절대적으로 사견의 제거가 필요하다. 사견이 머무르고 매달려 있는 곳은 마음이다. 그래서 심념처를 강조하신 것이다.

〈주해 1〉 마음(意. Mano) : 마음을 말하는 의(意. mano)는 생각으로서 미세한 느
     낌의 사유에 해당된다.
     마음은 세 가지로 분류한다.
     첫째, 심(心. Citta)
     둘째, 의(意. Mano)
     셋째, 식(識. Viññāṇa)
     이상 심·의·식은 다르게 표현되지만 뜻은 하나로 모두 마음이라고 한다.

〈주해 2〉 마음(心. Citta) : 마음을 말하는 심(心)은 빨리어로 찌따(Citta)라고 하는
     데 마음, 그림, 회화의 뜻을 가지고 있다. 이때 심(心)은 심소(心所)와 구
     별하기도 한다. 곧 마음과 마음의 작용을 구별할 때 사용하는 용어다.
     심(心)은 의(意)에 비해 더 정신적으로 번역되며 보다 본질적인 것으로
     써 정서 또는 감정과 관계가 된다.

〈주해 3〉 알아차림을 확립하는 대상은 네 가지인데 몸·느낌·마음·마음의 대
     상(法)이다. 이것들을 사념처라고 한다. 그러나 몸을 대상으로 하는 신
     념처라고 해서 다른 염처를 수행하지 않는 것이 아니다. 네 가지 염처는
     항상 동시에 작용한다. 또한 심념처라고 말할 때는 마음을 주 대상으로
     한다는 의미이다. 마음을 알아차리는 수행을 한다고 해서 몸이나 느낌
     을 알아차리지 않는 것이 아니다. 수념처나 법념처 역시도 따로 분리해
     서 말할 때는 수념처나 법념처를 주 대상으로 삼는다는 것이므로 하나
     의 염처만 작용하지는 않는다.

〈주해 4〉 상응하는 법(相應法. Sampayutta Dhamma) : 어떤 대상 하나만 적용하는

것이 아니고 서로 관련되어 함께 되먹임 하는 것을 말한다. 오온이나 사대, 사념처 등등에서 볼 때 모두 하나만 작용하지 않고 서로 결합되어 함께 일어나서 함께 사라진다. 오온은 색·수·상·행·식이 함께 작용하며, 사대는 지·수·화·풍이 함께 작용하는 것을 말한다.

〈주해 5〉 죽을 때 영혼이 몸을 버리고 다른 몸을 받는다는 것은 붓다의 가르침이 아니다. 영혼은 항상(恒常) 하는 마음이라는 뜻으로 변하지 않는 절대불변의 존재를 말한다. 그러나 마음은 매순간 변하며 조건에 의해 일어나고 조건에 의해 소멸된다. 그러므로 항상 하는 같은 마음이 계속되면서 몸만 바꾸는 것이 아니다. 마음이 몸만 바꾼다는 것은 신을 믿는 힌두교의 이론을 차용한 것이다. 모든 것은 변하는 성질을 가지고 있기 때문에 마음뿐만 아니라 몸 역시도 매순간 생성과 소멸을 거듭하고 있으므로 항시도 같은 몸이 아니다.

제17장

사견(邪見)을 어떻게 제거하는가

붓다께서는 지옥(비참한 존재계)^{주해1)}으로 떨어지게 하는 근본 원인을 제거하고 뿌리 뽑아야 한다고 말씀하셨다. 이러한 근본 원인이 바로 사견(邪見)이다. 사견을 가지고 있는 사람들은 살아 있는 것들의 생명을 빼앗고, 훔치고, 삿된 음행을 하고, 부모를 살해하거나 심지어 붓다의 몸에 상처를 내서 피를 흘리게 하는 큰 죄를 저지르고도 아무런 양심의 가책을 느끼지 못한다. 이렇듯 모든 잘못된 행위와 악행은 사견으로부터 나온다.

그러므로 붓다께서는 지옥으로 떨어지게 하는 근본 원인을 제거하고 뿌리 뽑아야 한다고 말씀하셨다.

대부분의 사람들은 비참한 지옥으로 떨어지는 원인을 불선업이라고 생각하겠지만 사실 자세히 살펴보면 실제로 범인은 사견이라는 것을 알 수 있다. 사형수를 처형하는 것은 집행인이지만 결국 죽음의 형을 선고하는 진정한 힘이 판사에게 있다는 것은 의심할 여지가 없다.

같은 방식으로 지각이 있는 존재를 지옥으로 보내는 것이 바로 사견이다. 밖으로 나타난 업은 실제 범인이 아니다. 이렇듯 사견은 위험하고도 해로운 것이다. 사견이 왜 근본 원인이 되는지에 관해 설명하겠다.

먹고 싶고, 자고 싶고, 말하고 싶다는 온갖 종류의 생각이 일어날 때마다 내가 먹고 싶다, 내가 자고 싶다, 내가 말하고 싶다 등등 내가 하는 것으로 잘못 알고 있다. 이러한 잘못된 인식은 각각의 정신적 현상이 일어날 때마다 '개아'로서의 '나', '자아', '나의 것' 등으로 발전한다. 생각 혹은 의식은 인식의 대상[所緣]^{주해2)}과 감각기관의 문(門)^{주해3)}이 접촉하여 일어난다. 이런 방식으로 '개아', '나', '자아', '나의 것'이라는 생각이 비롯된다. 그러므로 우리는 보는 것을 '내가 본다'라고, 듣는 것을 '내가 듣는다'라고 잘못 여기지 않도록 조심해야 한다.

보는 자, 듣는 자, 행위 하는 자는 없다. 이것은 단지 원인으로 인한 결과일 뿐이다. 성내는 마음과 탐욕의 마음이 일어날 때 이것들은 단지 성내는 마음과 탐욕의 마음일 뿐이라고 이해하고 알아차려야 한다. 또 이런 마음들이 그 자체의 기능과 역할에 의해서 일어난다는 것을 이해해야 한다. 수행이 일정 단계에 이르면 수행자는 오로지 의식만 있는 것이라고 알게 된다. 이 단계에서는 정신적 상태[주해4)]의 일어남이 단지 현상일 뿐이고, 그 순간 의식만이 있을 뿐 거기에 '나', '자아', '나의 것'이라고 할 만한 것이 없다는 사실이 중요하다.

한편 질투심이나 보시에 대한 생각 등, 어떤 생각이나 의식이 떠오를 때도 그것은 단지 정신적인 상태일 뿐이라고 이해해야 한다. 담배를 피우고 싶은 생각이 일어날 때도 이는 단지 생각이나 의식일 뿐이지 담배를 피우고 싶은 사람이 내가 아니라는 점을 잘 이해해야 한다. 이 생각들은 그 자체의 기능과 역할에 의해서 일어나는 것일 뿐 여기에 나 또는 자아라고 할 만한 것이 없다. 모든 의식은 두 현상들(육근과 육경)의 결과르서 연속적으로 무리지어 일어나는 것이라는 사실을 잘 이해하야만 한다.

숨을 들이쉬려는 의식이 일어날 때 이렇게 알아차리고, 숨을 내쉬려는 의식이 일어날 때도 이렇게 알아차려야 한다. '나' 또는 '자아'가 숨을 들이마시고 내쉬고 있는 것이 아니다. 이것은 수행자들에게 있어 매우 중요한 부분이다. 왜냐하면 대부분의 수행자가 숨을 들이쉬고 내쉬는 것은 '나'라는 잘못된 인식을 가지고 수식관(隨息觀)[주해5)]에 빠져 있기 때문이다. '개아'라든가 '나'라는 주관성 혹은 '자아의식' 등이 어느 정도 없어지면 유신견이 어느 정도 사라진 것이라고 말할 수 있다. 이것은 오로지 정견(正見)의 주도 하에 철저한 수행을 거친 후에야 가능하다.

집중은 마음을 하나로 모아 사견을 제거하고 정견을 돕는 역할을 한다.

그러나 수행을 정정(正定)^{주해6)}으로만 이끌어 가서는 안 된다. 반드시 정견(正見)과 정사유(正思惟)가 주도하여 정정진(正精進), 정념(正念) 그리고 정정(正定)이 뒤따라와야 한다.

유신견은 나, 자아, 나의 것이라는 생각이 있을 때 두드러지게 나타난다. 그러나 수행자는 느낌[受]·지각[想]·행위[行]가 일어날 때 일어난 것은 단지 느낌·지각·행위일 뿐 그것이 '나' 또는 '자아'가 아님을 이해해야만 한다. 느낌이 일어날 때도 그것은 느낌일 뿐 '나' 또는 '자아'가 아니며, 행위의 경우에도 행위일 뿐 '나' 또는 '자아'가 하는 것이 아니다. 수행자가 이러한 단계에 이르면 유신견이 일시적으로 제거되었다고 할 수 있다. 그러나 수행을 한다는 것이 이 글을 읽는 것처럼 쉽게 되는 것이 아니다. 수행자가 최선의 노력을 다해도 알아차림을 놓치는 경우가 많을 것이다. 알아차림을 놓치는 경우가 많아질수록 사견을 근절시키는 데 걸리는 시간도 길어진다.

알아차림이 끊어지지 않고 지속된다면 대상을 알아차리는 힘이 더 강해지고 그럼으로써 수행자가 목표를 달성하는 데 걸리는 시간은 더욱 짧아진다. 그러므로 수행자는 느낌, 지각, 행이 하나하나 연속적으로 일어나는 것을 잘 지켜보아 자신의 오온에 대한 통찰 지혜를 발전시켜 나가야 한다.

이것이 사견을 제거하는 수행이다. 그러나 무상·고·무아, 즉 오온의 일어남과 사라짐에 대해 숙고하지 않는다면 아직 통찰을 하는 위빠사나 수행을 제대로 하는 것이 아니다.

이러한 단계를 정신과 물질을 구별하는 지혜(Nāmarūpa Paricheda Ñāṇa)^{주해7)}라고 부르며, 이 단계에 이르면 더 높은 지혜의 단계가 수행자를 기다린다. 그것이 다음 장에서 다루게 될 무상에 대한 알아차림[無常隨觀]이다.

주해(註解) ────────────────────────────────────●

〈주해 1〉 지옥(Apāya) : 생명이 사는 31개의 세계 중에서 가장 낮은 세계로 비참
한 존재계에 속한다. 지옥은 고통만 있고 행복이 없으며 수명은 업에 의
해 결정된다. 지옥에서 업의 과보가 끝나면 다음 업에 의해 다른 생으로
윤회한다. 그러나 누구도 다음 업이 어떻게 적용되는지 알 수 없다. 많
은 사람들이 지옥을 실재하지 않는 세계로 알고 있으나 붓다에 의해 분
명하게 실제로 존재하는 세계로 밝혀졌다. 인간은 다른 생명에 비하여
유일하게 살아 있으면서 정신적, 육체적으로 지옥을 체험하기도 하고,
죽은 뒤에 이렇게 체험한 지옥으로 떨어지기도 한다.

〈주해 2〉 인식의 대상[所緣. āramaṇa] : 인식의 대상은 감각대상으로 소연(所緣)
이라고도 한다. 감각기관인 안·이·비·설·신·의는 반드시 감각대
상인 색·수·상·행·식과 접촉하게 된다. 이것을 육근(六根)과 육경
(六境)이 부딪친다고 말한다. 이러한 접촉에 의해 육식(六識)이 일어난
다. 육근과 육경이 부딪친 것을 12처라고 하며, 다시 육식을 하게 되는
것을 18계라고 한다. 18계란 살아 있는 생명의 세계관이다. 수행자는
18계를 벗어난 것에 대해서는 대상으로 삼아서는 안 된다. 왜냐하면 인
식할 수 없는 대상이므로 증명할 수 없기 때문이다. 이처럼 18계를 벗
어난 것은 초월적인 것으로 위빠사나 수행의 대상이 될 수 없다.

〈주해 3〉 감각기관의 문(門. Dvāra) : 여섯 가지 감각기관이 감각대상과 부딪칠 때는
감각기관의 문과 접촉한다. 이때 여섯 가지 감각기관을 상징적으로 육문
(六門)이라고 한다. 위빠사나 수행은 알아차림을 감각기관의 문에 둔다. 이
렇게 알아차렸을 때 알아차림이란 문지기가 지키기 때문에 탐진치라는
도둑이 들어올 수 없다. 그러나 감각대상에 마음이 부딪치면 대상에 대해

차별이 일어나서 탐진치에 빠지며 몸과 마음을 도둑이 지배한다.

〈주해 4〉 정신적 상태(Mental State) : 정신적 상태는 마음에 의해 일어나는 마음의 작용이다. 정신이라고 하는 마음은 마음과 마음의 작용이 있다. 마음은 의식하는 것, 아는 마음을 말한다. 마음의 작용은 수(受) · 상(想) · 행(行)을 말한다. 이때의 정신적 상태는 느낌, 지각 또는 마음에 의해 일어나는 모든 행위를 일컫는다.

〈주해 5〉 수식관(隨息觀. ānāpānasati) : 코의 호흡을 알아차리는 수행이다. 빨리어 아나빠나(ānāpāna)는 들숨과 날숨을 말한다. 많은 수행자들이 수행의 주 대상을 호흡으로 선택한다. 코의 호흡은 사마타 수행의 대상이 되기도 하고, 위빠사나 수행의 대상이 되기도 한다. 사마타 수행의 수식관(隨息觀)은 호흡의 대상을 모양으로 알아차리며, 수식관(數息觀)이라고 할 때는 호흡의 숫자를 하나, 둘, 셋 하고 세면서 알아차린다. 위빠사나 수행을 할 때는 코로 들어가는 바람의 느낌과 나오는 바람의 느낌을 알아차린다.

〈주해 6〉 정정(正定)은 바른 집중을 말한다. 수행을 할 때 알아차림에 의해 집중이 요구되지만 집중도 균형이 잡혀야 한다. 집중이 지나치면 혼침에 빠져 나태해지거나 졸음이 온다. 그래서 항상 알아차림을 강화하여 모든 것들이 균형을 이룰 때 바른 수행을 할 수 있다.

〈주해 7〉 정신과 물질을 구별하는 지혜(Nāmarūpa Pariccheda ñāṇa) : 위빠사나 수행의 1단계 지혜이다. 수행자는 몸과 마음에서 일어나는 모든 현상을 마음이 알아차리는 것으로 수행을 시작한다. 이렇게 마음이 알아차릴 때 몸과 마음을 하나의 대상으로 분리해서 알아차리면 몸의 현상이 있고 마음의 현상이 있어서 서로 다른 것임을 알게 된다. 호흡을 대상으로 알아차릴 때도 호흡은 대상이고 그것을 아는 것은 마음이라고 분리해서 알면 몸과 마음에 대한 바른 견해를 갖게 된다.

제18장

상견(常見)과 단견(斷見)을 제거하는 방법

식탁에 맛있는 음식이 차려진 것을 보면 먹고 싶은 갈애가 일어난다. 이어 그것에 대한 강한 욕구가 일어나고 업의 생성(業의 生成)이라고 하는 육체적 행위가 뒤따른다. 달리 말하면, 갈애가 일어나자 이어 집착이 따라오고 다시 업의 생성이 따라오는 것이다. 이렇게 음식 하나를 보는 것에서도 갈애, 집착, 업의 생성이라는 세 가지 요소가 있다.

붓다께서 말씀하셨다. "갈애를 원인으로 하여 집착이 일어난다." 이것은 갈애와 집착 사이에 '원인'[주해1]이 있다는 뜻이다. 만일 원인이 없다면 결과도 없다. 그러므로 갈애나 집착 어느 것도 있을 수 없다.

다시 그다음 연결고리는 "집착을 원인으로 하여 업의 생성이 일어난다”이다. 업의 생성은 원인이 되는 집착이 없이는 존재할 수가 없다. 집착은 일어날 뿐만 아니라 다음 현상이 일어나기 위한 원인을 남기며 사라진다. 그러므로 이때의 ‘원인’은 인과관계의 연속을 의미한다.

모든 존재는 갈애와 집착 그리고 업의 생성이 끊임없이 연속하여 일어나는 소용돌이 속에서 회전하고 있다. 우리는 우리 자신의 내부에서 실제로 일어나고 있는 것들이 무엇인지를 살펴보고 이것이 과연 연기법에서 말한 바와 일치하는지를 탐구해 보아야 한다.

“갈애를 원인으로 하여 집착이 일어난다.” 여기서 갈애와 집착 사이의 ‘원인’을 독립된 요소로 여겨서는 안 된다. 이것은 단순히 원인과 결과를 연속적으로 이어주는 역할을 하고 있는 것으로 이해해야 한다. 분명한 것은 집착은 ‘원인’이 되는 갈애로 인해 일어나며, 갈애는 집착이 일어나는 ‘원인’을 남기며 사라진다는 것이다. 그러므로 “갈애를 원인으로 하여 집착이 일어난다”고 말한다. 집착은 왜 일어나는가? 저절로 일어나는가, 아니면 갈애로 인하여 일어나는가?

이제 수행자는 집착이 갈애로 인하여 일어난다는 사실을 분명히 알게 되었다. 수행자들이 연기의 법칙을 이해하고 익숙해질 수 있도록 하기 위해 집착이 갈애로 인하여 일어난다는 사실을 여러 번 강조하였다. 수행자는 이를 통해 이 세계의 현상들이 저 스스로 원인 없이 또는 우발적으로 일어난다는 생각과 관념을 없앨 수 있다. 선행하는 현상인 갈애는 집착이라는 결과가 일어나도록 길을 연다. 이처럼 집착이 일어나기 위한 길을 만드는 것은 갈애이다. 그러므로 집착은 갈애를 '원인'으로 하여 일어난다. 수행자는 이와 같은 사실에 대해 숙고해야 한다.

수행자가 이러한 연결고리를 분명하게 알면 연기법을 잘 이해할 수 있게 된다. 더 나아가 현재의 결과(도표 부분 2)는 앞서 일어난 과거의 원인(도표 부분 1)의 결과이다. 또 여기에서 과거와 현재 그리고 현재와 미래 사이에 연결고리가 있음을 잘 이해해야 한다. 만일 수행자가 과거와 현재 사이에 아무런 연결고리도 없다고 하는 믿음을 고집한다면 단견(斷見)을 가졌다고 말할 수 있다. 이러한 사견을 가지고 있는 한 결코 수다원과를 성취할 수 없다.

먹고자 하는 욕망(갈애)이 일어나면 먹는 것에 대한 강한 집착이 따라오고, 다시 신업(身業)인 행위와 구업(口業)인 말이 따라온다. 즉, 어떤 사람은 "지금 너무 배가 고파서 밖에 나가 음식을 사먹어야겠다"고 말한다. 연기는 이렇게 계속 이어진다. 먼저 먹고 싶은 갈애가 일어나서 집착이 일어나는 원인을 남기며 사라진다. 이때 집착은 갈애와 집착 사이에서 연결고리로 작용하는 '원인'이 있기 때문에 일어난다는 것을 이해해야만 한다.

또 집착은 업의 생성이 일어나는 원인을 제공하고 사라진다. 그러므로 이것은 의식이 작용하여 연결되는 것으로 볼 수 있다. 이로써 현상은 단지 일어날 뿐만 아니라 새로운 현상에 자리를 내어주며 사라진다는 사실이 분명해진다. 그렇다면 이제 수행자는 상견(常見)의 속박에서 자유로워졌다고 말할 수 있다.

다음 단계로 수행자가 알아야 할 것은 어떤 의식이 일어나든 그것은 '나', '자아'라고 하는 어떤 실체가 있는 것이 아닌 단순한 의식일 뿐이라는 사실이다. 탐욕과 성냄과 어리석음 그리고 온갖 종류의 의식이 일어나는 것은 자연스러운 일로서 수행자는 그것들이 단순한 의식일 뿐 그 이상이 아님을 잘 인지하고 있어야 한다. 어떤 의식이 일어나든 수행자는 거기에 집중하여 각각의 의식이 일어날 때 그 일어남을 알아차려야 한다. 또 이러한 의식은 '나', '자아', '나 자신', '내 것' 등으로 인격화시킬 만한 것이 없는 단순한 정신적 현상일 뿐이라고 알아야 한다.

안식(眼識)이 일어날 때 보는 자가 없으므로 보는 것은 '내'가 아니다. 이식(耳識)이 일어날 때 듣는 자가 없으므로 듣는 것은 '내'가 아니다. 그것은 단순한 들음일 뿐이지 거기에 '나', '자아', '나 자신', '내 것' 등으로 인격화할 만한 것이 아무것도 없다.

수행자가 대상을 볼 때 보는 자가 '자신'이라고 생각하는 이러한 믿음이나 견해를 유신견(有身見)이라고 한다.

만일 수행자가 자신이 보고 있는 것을 아는 것이 단지 안식(眼識)일 뿐이고 의식의 무더기[識蘊]일 뿐이라고 지각한다면 거기에는 단지 '몸이 있다[有身]'는 것이 있을 뿐이지 여기에 사견(邪見)은 없다.

유신(有身)은 다섯 무더기라고 하는 오온(五蘊)을 뜻한다. 오온 중의 하나를 '나', '자아' 혹은 인격체로 보는 잘못된 견해가 사견이다. 예를 들면 안식이 일어날 때 '내'가 보는 것이라고 여긴다면 이것은 유신견이다. 이와 같이 이식이 일어날 때 '내'가 듣는다고 여긴다면 이 또한 유신견이다. 비식이 일어날 때 '내'가 냄새를 맡는다고 여기는 것도 유신견이다. 의식이 일어날 때 '내'가 생각한다고 여긴다면 이 또한 유신견이다.

이렇게 의식을 '자아' 혹은 '나' 등으로 인격화하여 잘못 받아들이는 것이 유신견이다. 수행자가 보고, 듣고, 냄새 맡고, 맛보고, 접촉하는 것을 단지 오온의 작용으로 알고 거기에 아무런 '자아'나 '내'가 없다고 하는 지혜를 얻을 때 유신견이 뿌리 뽑히고 제거되었다고 말할 수 있다.

범부들은 항상 몸이 있다고 하는 유신과 개체가 영원히 존재한다는 사견을 뒤섞어 버린다. 그래서 유신견을 갖게 되는 것이다. 반면 수행자는 몸이 있다고 하는 유신이 있을 뿐이라고 알고, 몸이 '내'가 아니라고 하는 정견(正見)을 가져야 한다. 유신견이라는 잘못된 견해가 생기는 것은 바로 유신과 사견이 뒤섞이기 때문이다.

윤회의 전 과정을 살펴보면 반드시 유신에 사견이 뒤섞이면서 진행되어 온 것을 볼 수 있다.^{주해2)}

과연 그렇지 않던가?

오온은 항상 함께 일어나지만 그중 어느 하나가 두드러지게 일어난다. 어떤 오온이 일어나든 이를 단순한 오온의 일어남으로 알 뿐 그것을 '나', '자아' 등과 뒤섞지 말아야 한다.

이제 수행자는 유신이 무엇인가를 분명히 알게 되었으므로 유신을 바른 견해[正見]와 결합시킬 수 있어야 한다.[1]

---

1) 초보 수행자는 위빠사나 수행을 효과적으로 하기 위해서 첫 번째로 정신과 물질(Nāma Rūpa)을 그리고, 두 번째로 연기의 법칙에 대한 기본 원리를 충분히 이해해야 한다.
대장로 모곡 사야도께서는 이들 기본 원리를 숙지하지 못한 수행자들이 충분한 교육을 받기 전까지는 위빠사나 수행을 계속하지 못하도록 하셨다. 이것은

그러므로 수행자는 바람직하지 못한 법을 버리고 바람직한 법인 정견을 가져야 한다.

수행자가 있는 그대로, 즉 유신을 유신으로만 보아 사견과 혼동하지 않는다면 사견의 족쇄를 깨부수고 더 이상 혼란스럽지 않게 되어 비로소 다음 생에 지옥으로 떨어질 위험에서 벗어났다고 말할 수 있다.

냐따 빠린냐[知遍知]에 의해 사견을 제거하기 위함이다. 띠란나 빠린냐[度遍知]는 반드시 냐따 빠린냐 다음에 온다. 곧 법문을 듣고[聞], 그 가르침에 대하여 스스로 충분히 사유한[思] 이후에 수행[修]하는 것이 좋다.

〈주해 1〉 원인(原因. Paccaya) : 빨리어 빠짜야(Paccaya)는 원인·조건·동기·연(緣)의 뜻을 가지고 있다. 연기(緣起)는 조건 지어진 법, 또는 원인으로서의 법과 조건에 따라 생긴 법을 말한다. 이처럼 연기에서는 '원인'이 매우 중요한 위치를 차지한다.

위빠사나 수행을 할 때 원인을 알려고 하면 사유가 된다. 그리고 모든 일에는 가까운 원인으로부터 여러 가지 다양한 원인이 있기 마련이다. 원인을 아는 것은 매우 중요하나 이처럼 생각으로 원인을 알려고 하기보다는 알아차린 결과로써 원인을 아는 것이 중요하다. 이렇게 알게 된 원인은 지혜에 속한다. 원인은 결과를 가져오고 결과가 다시 원인이 되어 다음 결과를 가져온다. 이것이 원인과 결과의 법칙이다.

〈주해 2〉 실재하는 몸은 있는 것이다. 누구나 있는 몸을 부정할 수는 없다. 이것이 유신(有身)이다. 그러나 이 몸이 '나'의 몸이라고 할 때는 잘못된 견해로 유신견(有身見)이 된다. 몸이 있지만 매순간 조건과 원인과 결과에 의해 생멸하는 몸이 있을 뿐이지 변하지 않는 항상 하는 몸은 없는 것이다. 만약 나의 몸이라는 생각을 갖는다면 몸이 있다는 유신에 잘못된 사견이 섞이게 된다.

제19장

심념처(心念處)

궁극의 깨달음을 성취하고자 열망하는 사람들은 수다원도, 사다함도, 아나함도 그리고 아라한도를 거쳐야만 한다. 첫째 단계인 수다원도를 얻기 위해서는 사견과 의심을 제거해야 한다.

상좌 불교의 7론(七論) 중의 하나인 분별론(Vibhaṅga)의 주석서 『삼모하위노다니(Sammohavinodani)』에서 다음과 같이 말했다.

"잘못된 견해를 가지고 행동하는 어리석은 자에게는 분별하지 않고 마음을 지속적으로 알아차리는 심념처(心念處. 마음을 알아차림)가 청정에 이르는 길이다."

이 말의 의미는 사견의 성향을 가지고 있는 지적으로 무딘 수행자가 도(道)를 성취하는 데에는 단순하고 복잡하지 않은 심념처가 적합하다는 것이다.

대장로 모곡 사야도께서는 실질적인 수행법을 원하는 요즘 사람들이 보다 쉽게 접근하고 적용할 수 있도록 하기 위해 매우 단순하고도 복잡하지 않은 심념처 수행법을 만들어 내셨다.

다음에 나오는 열세 가지 종류의 마음[心] 혹은 의식(意識)은 모두 마음으로 이것들이 모두 알아차려야 할 대상들이다. 그러나 이들 열세 가지의 마음 모두를 동시에 알아차리는 것은 아니다. 한순간에는 오직 하나의 마음만 일어나는데, 어떤 마음이거나 마음이 일어날 때마다 알아차려야 한다. 마음은 반드시 한순간에 하나의 마음만 일어난다는 것을 기억해야 한다.

"이 마음이 소멸하고 저 마음이 일어난다." 이것은 하나의 마음이 사라지자 또 하나의 마음이 일어난다는 의미이다.

일반적으로 우리에게 일어나는 마음의 종류는 매우 많다. 아마도 1,000가지에서 2,000가지의 많은 마음들이 있을 것이다.^{주해1)} 그러나 모곡 사야도께서는 마음을 열세 가지 종류로 분류하셨다.

열세 가지의 마음은 다음과 같다.^{주해2)}

(1) 눈의 의식[眼識]

(2) 귀의 의식[耳識]

(3) 코의 의식[鼻識]

(4) 혀의 의식[舌識]

(5) 몸의 의식[身識]

이들을 외부에서 방문하는 의식이라고 한다.

(6) 탐욕이 있는 마음[貪心]

(7) 성냄이 있는 마음[嗔心]

(8) 어리석음이 있는 마음[痴心]

(9) 탐욕이 없는 마음[無貪心]

(10) 성냄이 없는 마음[無嗔心]

(11) 의(意) 혹은 의식(意識)^{주해3)}

이들을 내부에서 방문하는 의식이라고 부른다.

(12) 들숨의 의식

(13) 날숨의 의식

이들 두 가지를 주인의 의식^{주해4)}이라고 한다.

이상의 열세 가지 마음의 범주 안에 보통 사람들[凡夫]이 가진 모든 마음들이 다 포함된다. 어떠한 마음이 일어나든 간에 그것은 감각기관[六門]과 감각대상[六境]의 부딪침에 의해서 일어난다.

이들 육문을 통해서만 의식이 일어날 수 있으며, 마음은 육문을 벗어나서는 결코 일어날 수 없다는 것을 알아야 한다.

또한 마음[識]과 느낌[受]과 지각[想]과 마음의 의도[行]는 동시에 일어나는 법[俱生法]^{주해5)}이다. 여기서 느낌과 지각과 마음의 의도는 마음의 작용[心所]^{주해6)}으로 분류된다.

이상 네 가지의 정신적 현상[受·想·行·識]을 알아차릴 때 물질적 현상[色]이 제외되지는 않는다. 오온은 함께 일어나고 함께 존재하며 함께 사라지는 법이므로 오온 중의 하나를 알아차리는 수행은 나머지 오온들을 모두 포함하고 있는 것이라고 할 수 있다. 하지만 여기에서는 마음이 가장 뚜렷하고 두드러지게 나타나는 현상이므로 마음을 알아차리는 수행인 심념처라고 부르는 것이다.

사실 한 존재를 이루는 오온(五蘊)은 상호 연관되어 있는데, 이것은 마치 라임 주스에 설탕, 과일, 주스, 소금, 물이 원료로 들어 있는 것과 같다. 그러므로 마음을 알아차리는 심념처 수행을 할 때 몸을 알아차리는 신념처 역시 포함된다. 왜냐하면 들숨의 의식과 날숨의 의식이 심념처를 닦는 중에 주인 의식으로 섞여 있기 때문이다. 그러므로 심념처에서 신념처나 수념처가 배제된다고 말할 수 없다. 결국 이들 세 가지의 알아차림이 합쳐져 최종적으로 사성제의 진리를 알아차리는 법념처로 종결되어야 한다.

위에 열거한 열세 가지 종류의 마음을 살펴보자.

먹고 싶고 냄새 맡고 싶어 하는 마음은 탐심에 속하고, 질투나 인색은 성냄에 속한다. 보시를 하려는 마음은 탐욕이 없는 마음[無貪心]에 속한다. 들뜨고 산만한 마음은 어리석은 마음[痴心]에 속한다. 어리석지 않은 마음[無痴心]인 지혜는 위의 열세 가지 마음 안에 포함되지 않는다.

그렇다면 어리석지 않은 마음은 왜 열세 가지 마음 안에 포함되지 않는 것인가? 그 이유는 어리석지 않은 마음이 정견(正見)이라는 도지(道支. Magganga. 올바른 길의 항목), 즉 지혜인데 이것이 바로 알아차림의 주체가 되기 때문이다.

반면 열세 가지의 마음은 알아차릴 대상이다. 앞에서 말한 바와 같이 이들 마음은 한순간에 오직 하나씩만 일어난다.

보통 수행의 대상이 되는 마음이 너무나 많아서 알아차리기 힘들다고 생각한다.주해7) 수행자는 이때 마음[意識]이 매순간 오직 하나씩만 일어난다는 점을 상기하여야 한다. 사실 우리가 자신의 마음을 알아차리는 것은 그다지 힘든 일이 아니다. 왜냐하면 사람들은 자신의 마음속에 어떤 생각이 스쳐 지나갔는지 다른 사람에게 쉽게 얘기할 수 있기 때문이다. 만일 탐심이 일어나면 탐심이 일어났다고 정확하게 얘기할 수 있다. 그러므로 우리 자신의 마음이 일어나고 사라지는 것을 알아차리는 수행은 큰 어려움 없이 누구라도 쉽게 할 수 있다고 알아야 한다.

만일 수행자가 마음이 일어나고 사라지는 것을 바로 알아차리고 있다면 의심할 여지없이 열반의 입구로 가는 바른 길로 접어들었다고 말할 수 있다.

우리는 눈을 뜨고 있을 때 눈앞에 있는 모든 것들을 본다. 이것이 바로 눈의 의식[眼識]이 일어난 것으로 수행자는 이때 눈의 의식이 일어났다고 알아차려야 한다. 소리를 들을 때는 귀의 의식[耳識]이 일어나고 이때 귀의 의식이 일어났다고 알아차려야 한다. 냄새를 맡을 때는 코의 의식[鼻識]이 일어났다고 알아차려야 한다. 맛을 볼 때도 혀의 의식[舌識]이 일어났다고 알아차려야 한다. 몸의 가려움이나 즐겁고 불쾌한 감각이 느껴질 때는 몸의 의식[身識]이 일어났다고 알아차려야 한다.

의식은 매순간 하나씩 일어나기 때문에 어떤 의식이 일어나든 그 일어남과 사라짐을 알아차려야만 한다. 의식이 두세 가지로 동시에 일어나는 것은 부자연스럽고 불가능하다. 수행의 과정에서 통찰력이 점점 더 명확해질수록 알아차림은 일어남과 사라짐[生滅]에만 집중된다. 또 일어나고 사라지는 의식을 알아차리지 못하는 빈도가 줄어들고 알아차리는 시간도 점차 길어진다. 일반적으로 이 시점에서 수행자는 통찰력을 가지고 탐심, 진심, 치심, 무탐심, 무진심 등 어떠한 마음이든 일어났다가 스스로 사라진다는 것을 분명하게 안다. 수행자는 이제 어더한 의식도 연속하는 두 순간에 동일하게 남아 있을 수 없다는 것을 분명하게 알 수 있다. 의식은 순식간에 일어나서 순식간에 사라진다.

"이 마음이 소멸하고 저 마음이 일어난다." 이는 이미 사라진 하나의 마음의 뒤를 따라 또 다른 마음이 일어난다는 의미이다. 그러므로 수행자는 마음을 알아차렸을 때 자신이 주시하는 마음이 이미 사라져 버렸다는 것을 발견할 뿐이다.

"사라진 후 존재하지 않으므로 무상이라고 한다." 마음은 일어나자마자 즉시 사라져 버리기 때문에 무상하다. 수행자가 어떤 마음을 알아차리든 그는 오로지 무상, 즉 마음의 사라짐을 발견할 것이다. 하지만 그가 여전히 마음이 사라진 것을 보지 못한다면 무상을 알아차리는 수행[無常隨觀]을 한다고 할 수 없다. 이러한 수행자는 아직 마음이 항상 하는 것이라는 생각에서 벗어나지 못한 것이다. 그는 계속하여 오온의 본성인 일어남과 사라짐을 알아차리려고 노력해야 한다.

위빠사나 수행자가 통찰력을 가지고 무상(無常)을 보고 깨달으면 이제 고(苦)라고 하는 깨달음을 얻게 된다. 이어 위빠사나 통찰을 통해 고(苦)를 보고 깨달으면 이제 무아(無我)라는 깨달음 또한 얻게 된다.

'무상, 무상' 하고 아무리 읊어 보았자 무상을 깨달을 수는 없다. 매순간 수행자는 자신의 오온이 항상 보여주고 드러내고 있는 무상을 알아차려야 한다. 무상은 소리를 내어 암송하거나 기도문처럼 읽어서 스스로 만들어 내는 것이 아니다. 우리 안에는 일어나고 사라지는 현상인 무상법(無常法)이 항상 존재하고 있다. 오온은 일어날 뿐만 아니라 항상 사라지고 있다. 수행자는 이것을 오로지 위빠사나 통찰을 통해서만 알 수 있다.

다시 강조하자면 마음의 일어남과 사라짐은 마음의 길이라고 불리는데 이 길은 영원히 계속된다. 이렇듯 일어남과 사라짐이라는 특성을 가진 오온을 바르게 아는 지혜를 있는 그대로 아는 지혜[如實智見]라고 한다. 이 지혜는 우리의 존재 안에서 실재하는 것이 오온의 일어남과 사라짐 외에 아무것도 없다는 것을 의미한다.

달리 말하자면 이것은 오온의 실재에 관한 지혜이다.

일어나고 사라지는 순간들은 너무도 빠르게 한순간에 흘러가기 때문에 명확히 표현할 수 없고 이해의 범위를 벗어나 있다. 그러므로 수행자는 그것이 얼마나 빠르게 일어나는지 혹은 어떤 길을 따라가야 하는지 자세하게 알 필요는 없다. 이 단계에서 중요한 것은 오로지 오온의 일어남과 사라짐을 알아차리는 것이다.

다시 주인 의식으로 돌아가 보자. 수행자는 반드시 들숨의 의식과 날숨의 의식을 주의해서 알아차리고 있어야 한다. 여기에서 수행자는 반드시 이들 들숨과 날숨의 의식이 일어날 뿐만 아니라 사라지고 있다는 것을 주의해서 알아차려야만 한다. 이는 단순히 호흡을 보는 것만이 아니고 호흡의 생멸을 보아야 한다는 것이다.

들숨의 의식을 알아차리면 그것 역시도 이미 사라졌다는 것을 발견하게 된다. 이와 마찬가지로 날숨의 의식을 알아차려도 또한 그것이 이미 사라졌다는 것을 발견할 뿐이다. 이미 사라져 버린 의식을 무상이라고 부른다. 그다음에 뒤따르는 의식, 즉 먼저 있던 의식이 이미 사라졌다고 아는 의식을 위빠사나 도(Vipassanā Magga)라고 부른다.

수행을 하는 시간 내내 수행자는 들숨과 날숨을 알아차리고, 또한 그것들의 무상함을 지각하는 알아차림이 있어야 한다. 이와 같이 수행자의 마음속에는 오직 무상과 도(道) 이 두 가지만을 가지고 있도록 노력해야 한다.

외부와 내부에서 방문하는 의식은 이들이 때때로 나타나기 때문에 붙여진 이름이다. 빨리 경전에 이런 말이 있다. "비구들이여, 이처럼 빛과 같이 빠른 마음은 번뇌라고 하는 손님에 의해서 더럽혀진다." 즉, 때때로 일어나는 생각들은 손님이다.

심념처는 언제 그리고 어디서 수행해야 하는가? 위빠사나 센터에서만 수행해야 하는가? 답은 심념처는 마음이 일어나는 곳 어디에서나 수행할 수 있다는 것이다. 만일 걷는 중에 마음이 일어난다면 걷는 동안 수행이 이루어져야만 한다.[1]

먹고 마시는 중에 마음이 일어나면 바로 그 순간 그 자리에서 그것에 대한 알아차림이 이루어져야 한다. 사무실에 앉아 있는 동안 마음이 일어나면 또한 그 순간 그 자리에서 알아차려야 한다. 이때 수행자에게 반드시 필요한 것은 주의 깊은 알아차림과 이해를 가지고 자신의 마음을 주시해야 한다는 것이다. 일어남과 사라짐을 보다 밀착하여 주의 깊게 알아차릴수록 수행자에게 돌아가는 이익은 더욱 크다. 산만함과 불안 그리고 혼란함이 많으면 탐진치의 번뇌가 머물러 자리 잡기 쉽다. 이러한 경우에도 수

---

[1] 각각의 발걸음마다 제각기 다른 의식이 일어날 뿐만 아니라 사라진다는 사실 또한 잘 알아차려야 한다.

행자는 나타나는 것이 무엇이 되던 그 일어남과 사라짐에 대해 지켜보는 것이 좋다.

수행자의 이익을 위해 분명하게 설명하자면, 이미 사라져 버린 먼저 있던 마음은 무상이고, 그 즉시 다음에 따라오는 마음은 알아차리는 마음으로 도(道)라고 부른다. 그러므로 무상에 이어 도가 따라오는 것이다. 달리 말하면, 사라지는 마음은 변화하며 연속하는 두 순간에 동일하지 않기 때문에 무상이라고 한다. 그리고 이 사라진 마음을 뒤따라오는 도의 마음으로 알아차려야 한다. 뒤따라오는 마음은 위빠사나의 정견, 즉 위빠사나 도이다. 따라서 무상, 도, 무상, 도로 반복되는 연속하는 현상들이 있을 뿐이다.

중요한 점은 위빠사나 수행 중에 먼저 있는 무상과 다음에 따라오는 도가 동시적으로 연이어 계속되어 무상과 도 사이에 번뇌가 스며들 여지가 없도록 해야 한다는 것이다. 달리 말하면 사라진 마음을 놓치지 않고 즉시 알아차려서, 먼저 있던 마음이 이미 사라져 버렸기 때문에 그것이 무상이라는 것을 이해해야 한다. 또 다음에 즉시 따라오는 마음을 도라고 하는 이유는 먼저 있던 마음이 이미 사라져 버렸다는 것을 아는 마음이기 때문이다.

위빠사나 수행을 하는 동안 수행자에게 적절하거나 부적절한 혹은 바람직하거나 바람직하지 못한 온갖 종류의 마음이 나타날 것이다. 이들 또한 수행의 대상으로 알아차려야 한다. 수행자는 어쨌든 이러한 마음의 흐트러짐에 대해 실망하거나 좌절하지 말고 이들을 단지 수행의 대상으로만 여겨야 한다.

법의 여섯 가지 덕목^{주해8)} 중에는 '와서 보라(Ehipassiko)'는 것이 있다. 법은 모든 이들이 와서 보기를 바라고 있다. 또한 법은 일어남과 사라짐의 현상인 무상의 법이 쉴 새 없이 계속되는 것을 알아차려 주기를 바라고 있다.

위빠사나 수행을 하는 동안 알아차림을 놓치는 순간이 거의 없으면 이제 수행자가 어느 정도의 수준으로 발전했다고 말할 수 있다. 그렇게 되면 일어남과 사라짐 사이에 어떤 불결한 번뇌도 들어오지 않는 단계가 뒤따라온다. 이제 수행자는 번뇌의 족쇄가 산산이 부서진 단계에 이르게 되어 첫 번째 도인 수다원도의 성취가 멀지 않았다고 할 수 있다.

붓다께서는 『앙굿따라니까야(Anguttara-Nikaya)』에서 다음과 같이 말씀하셨다.

"비구들이여, 여기 이 교단의 성스러운 제자는 마음이 무상한 것을 알아차리면서 지낸다.

그는 무상을 인식하고 무상을 경험하면서
항상 마음으로 해탈하고 통찰지로 직관한다.
그는 번뇌가 다하여 더 이상 번뇌가 없고
마음을 통한 해탈과 통찰지를 통한 해탈을
지금 여기에서 스스로 최상의 지혜로 알고
실현하고 얻으며 지낸다."

성스러운 자의 제자들은 단 한순간도 놓치지 않고 항상 마음에 대한 알아차림을 지속하여 마음은 변하고 일시적이며 연속하는 두 순간에 동일하게 남아 있지 않다는 것을 통찰을 가지고 완전하게 이해한다. 그리하여 성스러운 자의 제자들은 어떠한 번뇌도 없이 모든 불결한 번뇌의 흐름에서 해방되어 오로지 무상의 지혜로 가득 차 바로 이번 생에서 열반을 실현한다.[2]

수행자는 위빠사나 수행을 하는 동안 어떠한 번뇌도 스며들지 못하도록 해야 한다. 그리고 어떠한 마음이 일어날지라도 항상 법이 보여주고 드러내고 있는 일어남과 사라짐에 대한 지혜와 통찰에 대하여 마음을 집중하도록 노력해야 한다.

일어남과 사라짐에 관한 통찰을 얻는 것은 곧 생멸(生滅)을 아

---

2) 먼저 있던 무상과 따라오는 도 사이에 어떠한 불결한 번뇌도 없으면 칠일 이내에 궁극의 깨달음인 아라한의 도과를 성취할 수 있다.

는 것으로, 이는 있는 그대로를 아는 지혜[如實智見]를 얻는 것과 같다. 이를 통해 우리는 오온을 있는 그대로, 실상으로 보게 되며 오온의 일어남과 사라짐이 곧 괴로움의 진리라는 것을 알게 된다.

다음과 같은 질문을 할 수 있다. 오온의 일어남과 사라짐에 관한 지혜를 얻은 수행자에게는 과연 어떤 이익이 있을까? 예를 들어 답하자면 다음과 같다.

만일 탐심이 일어났을 때 위빠사나 수행자가 탐심을 알아차리면 더 이상 그 탐심이 자라나지 못하고 탐심의 단순한 일어남과 사라짐의 현상이 있을 뿐이라고 알게 된다. 따라서 이때 연기의 과정이 중간에서 멈추게 된다. 이것을 달리 표현하자면 탐심이 소멸된 것으로 볼 수 있다. 반면에 탐심에 대한 아무런 알아차림이 없다면 그 뒤를 따라 집착이, 또 그 뒤에는 업의 생성이 피할 수 없이 따라온다. 또 업의 생성이 일어나면 반드시 태어남이 따라오게 되어 있다. 태어남은 괴로움이고 결국 이로써 연기의 바퀴에 갇히는 것이다. 윤회의 순환은 계속되어 재생의 굴레를 끝없이 돌리도록 만든다.

일어남과 사라짐, 즉 무상을 보는 수행을 하는 것은 재생의 굴레를 멈추게 하는 것과 같다. 이것이 바로 윤회의 바퀴살을 부서뜨리는 일이다. 이것은 또한 연기의 연결고리들을 잘라 부수는 일이다. 또한 이처럼 생멸을 보는 수행은 무명을 종식시키고 통찰 지혜를 얻으려 노력하는 것이다. 결국 오온의 일어남과 사라짐은 괴로움의 진리[苦諦]일 뿐이라는 사실을 위빠사나 수행의 통찰을 통해 이해할 수 있는 것이다.

이렇게 꿰뚫는 통찰을 하게 되면 지혜가 나타나고 무명이 사라진다. 『전법륜경(轉法輪經)』에 다음과 같은 구절이 있다.

"전에 들어보지 못한 법들에 대한
눈[眼]이 생겼다.
지혜[智]가 생겼다.
통찰지[慧]가 생겼다.
명지[明]가 생겼다.
광명[光]이 생겼다."

괴로움의 진리에 대해 꿰뚫는 통찰을 얻게 되면 무명은 지혜가 된다. 따라서 무명은 사라지고 지혜가 그 자리를 대신한다고 말할 수 있다.

연기법에 따르면 무명이 지혜가 될 때 행은 더 이상 식(識)으로 연결되는 힘을 갖지 못한다. 즉, 도표의 부분 1에서 부분 2로 연결이 일어날 수 없다. 이러한 연결이 일어나지 않으면 행은 새로운 태어남(일반적으로 비참한 존재로 태어남)[3]을 불러일으키는 어떠한 결과도 더 이상 만들어 낼 수가 없다.

달리 말하자면 연기가 시작에서부터 끊어지는 것이다. 연기가 연결된다는 것은 이후의 존재인 새로운 오온을 만들어 내는 것을 의미한다. 위빠사나 수행을 함으로써 태어남(새로운 존재 혹은 재생)의 토대가 되는 기능들이 더 이상 작용하지 않는다. 이들은 무명이 지혜가 되는 순간부터 멈추게 된다. 따라서 연기의 고리가 시작에서부터 끊어지기 때문에 더 이상 괴로움뿐인 오온을 만들게 되는 일이 없을 것이다.

사견이 제거되면 그 결과로서 나타나는 모든 오온이 멈추게 될 것이다. 이와 마찬가지로 의심이 제거될 수 있고, 그렇게 되면 의심으로 인해 일어나던 모든 오온이 멈추게 될 것이다. 같은 방식으로 한 단계 한 단계 다른 번뇌나 잠재적 성향으로 인해 결과로서 나타난 모든 오온이 멈추게 될 것이다. 이것이 바로 대장로 모곡 사야도께서 큰 자비심으로 반복해서 수행자들에게 오온의 일어남과 사라짐을 알아차리라고 권하신 이유이다.

---

3) 붓다께서는 죽은 이들 수십만 가운데에서 고귀한 존재의 길을 획득한 단 한 사람도 찾기가 힘들다고 하셨다.

수행자가 오온은 단지 일어나고 사라지는 것에 불과하다는 지혜를 얻으면 이것을 있는 그대로 아는 지혜[如實智見]라고 한다. 쉼 없이 일어났다 사라지는 오온의 본성에 대하여 혐오감을 느낄 때 이러한 지혜를 혐오의 지혜^{주해9)}라고 한다. 수행자가 이러한 지혜를 얻은 이후에 꾸준히 오온의 일어남과 사라짐에 대해 알아차리면 결국 그의 수행은 오온의 일어남과 사라짐의 끝을 보는 데까지 이르게 된다. 이것이 도의 지혜[道智]이다. 이들 세 단계의 지혜를 얻음으로써 그는 큰 수다원이 된다.

수다원의 도과를 성취한 성자는 우주의 저 왕이나 천계의 전륜성왕보다도 더 높은 지위이다. 왜냐하면 붓다의 말씀에 따르면, 성자란 사악도로부터 벗어난 자라고 하셨다. 즉 수다원은 사악도(지옥, 축생, 아귀, 아수라)에 떨어질 위험에서 벗어나 있기 때문이다. 또한 같은 경전에서 붓다께서는 성자란 여섯 가지 극악한 죄^{주해10)}를 행하지 않는 자라고 하셨다. 수다원은 나병환자나 귀머거리, 벙어리, 장님 혹은 불구자로 태어나는 일이 없을 것이라고 하셨다. 이제 그는 길어도 일곱 생 안에 아라한의 도과를 성취하여 궁극적인 열반의 상태에 이르게 된다.

연기법에 의하면 수행자가 오온의 일어남과 사라짐을 보고, 그 일어남과 사라짐이 괴로움이라는 것을 알면 그러한 지혜는 바로 지혜의 도[慧道. Vijjā Magga]이며, 이것은 연기가 시작에서부터 끊어지는 것이다. 그리고 그 결과로 갈애와 교만, 사견이 제거된다. 따라서 연기는 중간에서 끊어지는 것이다. 이제 괴로움[苦]과 근심[憂] 그리고 고뇌[惱]가 일어날 기회는 사라진다. 그러므로 12연기는 끝에서 끊어진다.

사성제에 의하면 일어남과 사라짐은 괴로움의 진리[苦諦]이며, 이로 인해서 일어난 지혜가 괴로움의 소멸에 이르게 하는 길에 대한 진리[道諦]이다. 갈애와 교만, 사견이 소멸되는 것은 괴로움의 원인이 되는 진리[集諦]가 멈추는 것으로 생과 노사가 더 이상 나타나지 않게 된다. 이것이 괴로움의 소멸의 진리[滅諦]에 해당된다.

따라서 오온의 일어남과 사라짐에 대한 알아차림은 사성제(四聖諦)를 모두 포함한 수행을 하는 것이다. 그러므로 한시라도 빨리 위빠사나 수행을 해야만 한다. 만일 수행자가 단 하루라도 수행을 늦춘다면 그는 하루만큼의 기회를 잃는 것으로 언제 어떤 곤란한 일이 닥칠지 모른다. 더욱이 과중한 압박을 받는 시대인 요즈음은 어떠한 위험과 질병이 도사리고 있을지 알 수 없는 일이다.

위빠사나 수행은 다음 생에 사악도로 떨어질 수 있는 잠재적인 위험을 미리 막는 유일한 길이다.

주해(註解) ————————————————————————————●

〈주해 1〉 붓다께서는 알아차림을 확립하는 경〔『大念處經』〕의 심념처(心念處)에
　　　　　서 알아차려야 할 마음을 모두 열여섯 가지로 분류하셨다.
　　　　　　심념처의 내용은 다음과 같다.
　　　　　　탐욕이 있는 마음을 탐욕이 있는 마음이라고 알아차린다〔有貪心〕.
　　　　　　탐욕이 없는 마음을 탐욕이 없는 마음이라고 알아차린다〔無貪心〕.
　　　　　　성냄이 있는 마음을 성냄이 있는 마음이라고 알아차린다〔有瞋心〕.
　　　　　　성냄이 없는 마음을 성냄이 없는 마음이라고 알아차린다〔無瞋心〕.
　　　　　　어리석음이 있는 마음을 어리석음이 있는 마음이라고 알아차린다〔有痴心〕.
　　　　　　어리석음이 없는 마음을 어리석음이 없는 마음이라고 알아차린다〔無痴心〕.
　　　　　　위축된 마음을 위축된 마음이라고 알아차린다〔萎縮心〕.
　　　　　　산만한 마음을 산만한 마음이라고 알아차린다〔散漫心〕.
　　　　　　커진 마음을 커진 마음이라고 알아차린다〔大心〕.
　　　　　　커지지 않은 마음을 커지지 않은 마음이라고 알아차린다〔非大心〕.
　　　　　　향상된 마음을 향상된 마음이라고 알아차린다〔色界禪心〕.
　　　　　　더 이상 향상될 수 없는 마음을 더 이상 향상될 수 없는 마음이라고 알
　　　　　　　　아차린다〔無色界禪心〕.
　　　　　　집중된 마음을 집중된 마음이라고 알아차린다〔禪定心〕.
　　　　　　집중이 안 된 마음을 집중이 안 된 마음이라고 알아차린다〔非禪定心〕.
　　　　　　자유로워진 마음을 자유로워진 마음이라고 알아차린다〔解脫心〕.
　　　　　　자유로워지지 않은 마음을 자유로워지지 않은 마음이라고 알아차린다
　　　　　　　　〔非解脫心〕.

　　　　　　이상 열여섯 가지의 마음은 범부의 마음에서부터 사마타 선정 수행의
　　　　　마음과 위빠사나 수행의 마음까지를 모두 망라한 마음들이다.

여기서 경전에 나와 있는 마음을 알아차리는 방법에 대하여 주목할 필요가 있다. 어떤 마음이거나 모두 알아차릴 대상인 것이다. 예를 들어 탐욕이 있는 마음일 때는 탐욕이란 마음이 있다는 것을 그냥 있는 그대로 알아차리라는 것이다. 탐욕을 없애려고 하거나 다른 마음이 생기도록 하기 위해서 알아차리는 것이 아니고 그런 마음이 있으니 그냥 그런 마음을 알아차리라는 말이다. 이것이 위빠사나 수행의 알아차림이며, 이것을 바로 있는 그대로 알아차리는 여실지견(如實智見)이라고 한다.

〈주해 2〉 열세 가지의 마음 : 붓다께서 『대념처경』의 심념처에서 밝히신 열여섯 가지의 마음과 다르게 열세 가지의 마음은 모곡 사야도께서 새로 분류하신 마음이다. 붓다께서는 큰 틀 안에서 알아차려야 할 마음들을 설명하신 것에 반하여 모곡 사야도께서는 실수행자들이 연기적 구조 안에서 실제로 경험하는 마음들로 분류하셨다. 그러나 이상 두 가지 분류는 그 내용이 서로 다르지 않으며, 다만 수행방법의 차이로 편의상 분류한 것이다. 특히 모곡 사야도는 알아차릴 마음을 세 가지 그룹으로 분류하였는데, 외부에서 방문하는 의식과 내부에서 방문하는 의식과 주인 의식이다.

(1) 외부에서 방문하는 의식은 육근에 육경이 접촉한 것을 말한다. 이것이 도표 부분 2의 육입이 촉과 부딪치는 것을 말한다.

(2) 내부에서 방문하는 의식은 자신의 마음 안에서 일어나는 탐진치의 마음과 무탐, 무진, 의식의 마음을 말한다.

(3) 주인 의식은 모든 수행자들이 일반적으로 수행의 주 대상을 호흡에 두기 때문에 호흡을 알아차리는 마음을 말한다.

이상 열세 가지의 마음으로 분류한 것은 모곡 사야도께서 『아비담마』의 대가이시면서 12연기에 대한 완벽한 통찰을 한 결과이다. 아울러 교학의 대가이시면서 수행까지 체험하신 대 스승의 혜안으로 일반 수행자들에게 매우 현실적인 내용을 드러내 보이신 것이다.

〈주해 3〉 의(意. Mano) 혹은 의식(意識. Viññāna) : 마음을 무치심(無痴心)이라고 하지 않은 이유는 현재 알아차리는 마음이 정념(正念)과 정견(正見)이므로 알아차리고 있는 마음의 주체가 이미 무치심이기 때문이다.

상좌 불교 경전에서 마음을 심(心), 의(意), 식(識) 세 가지로 분류한다. 마음은 의(意)와 의식(意識)인데, 의는 빨리어로 마노(mano)라고 한다. 마노는 법을 아는 감각기관이나 기능으로 미세한 마음을 말한다. 의식은 빨리어로 윈냐나(Viññāṇa)라고 한다. 윈냐나는 아는 마음을 말한다.

심, 의, 식은 같은 뜻으로 하나지만 쓰임에 따라 다르게 사용된다.

〈주해 4〉 주인 의식(host consciousness) : 수행자는 항상 알아차릴 대상을 가지고 있어야 하는데, 이때의 대상을 법(法. dhamma)이라고 한다.

위빠사나 수행의 대상을 세분화하면 몸, 느낌, 마음, 법으로 나눈다. 그러나 부처님 이래로 많은 수행자들이 알아차릴 주 대상을 몸으로 하고, 그중에서 몸의 호흡을 선택하고 있다. 그래서 들숨과 날숨 또는 일어나고 꺼지는 호흡을 알아차리는 마음을 주인 의식이라고 한다.

〈주해 5〉 동시에 일어나는 법〔俱生法. Sahajāta dhamma〕 : 처음부터 함께 태어나고 동시에 발생하는 법을 구생법(俱生法)이라고 한다. 오온(五蘊)의 수(受)·상(想)·행(行)은 식(識)과 함께 태어난 것이고, 함께 태어난 것은 함께 작용하고 함께 소멸하게 된다.

상응법(相應法. Sampayutta dhamma)이 서로 관련되어 함께하는 것이라면, 구생법은 처음부터 선천적으로 떨어질 수 없이 함께하는 것이며 동시적으로 작용하는 것이다.

〈주해 6〉 마음의 작용〔心所. Cetasika〕 : 마음을 말할 때 심(心. Citta)을 사용하는 경우는 마음의 작용과 구별할 때이다. 마음은 아는 마음인 식(識)이 있고, 식과 함께 일어나서 함께 소멸하는 수(受)·상(想)·행(行)이란 마음의 작용〔心所〕이 있다.

식이 있어서 모든 것을 하지만 실제로 일하는 것들은 마음의 작용인 수·상·행이다. 수·상·행에서 일어난 모든 것들을 식이 있는 그대로 받아들여서 알게 된다. 그래서 식은 수·상·행과 같아지는 마음의 기능을 가지고 있다. 예를 들어 화를 내는 느낌이 일어났을 때는 아는 마음이 화를 받아들여서 그대로 화를 내는 마음이 된다. 마음과 마음의 작용을 구생법(俱生法)이라고 한다.

〈주해 7〉 대상을 아는 것으로써의 마음은 하나이다. 그러나 『아비담마(abhidhamma)』에
　　　　서 분류한 마음의 종류는 마음이 일어난 곳(태어난 곳)과 마음의 경지에 따라
　　　　서 세분화된다.
　　　　　마음이 일어난 곳은 욕계·색계·무색계·출세간계의 네 가지로 분류
　　　　하는데, 이들 마음을 모두 합치면 89가지로 분류하는 방법과 121가지
　　　　로 분류하는 방법이 있다.
　　　　　121가지의 마음은 다음과 같다.
　　　　　(1) 세간적 마음
　　　　　　욕계의 마음 : 54가지
　　　　　　색계의 마음 : 15가지
　　　　　　무색계의 마음 : 12가지
　　　　　(2) 출세간의 마음
　　　　　　출세간의 유익한 마음 : 20가지
　　　　　　출세간의 과보의 마음 : 20가지
　　　　　이상 121가지의 마음은 마음의 종류를 설명한 것이지 수행자가 모두 알
　　　　아차려야 할 대상의 마음은 아니다.

〈주해 8〉 법의 여섯 가지 덕목 :
　　　　　(1) 잘 설해져 있음
　　　　　(2) 지금 이곳에서 경험될 수 있음
　　　　　(3) 시간을 지체하지 않음
　　　　　(4) 와서 보라고 할 수 있음
　　　　　(5) 열반으로 이끌어 줌
　　　　　(6) 현명한 사람에 의해 직접적으로 체험됨

〈주해 9〉 혐오의 지혜(Nibbida ñāṇa) : 위빠사나 수행에서 도과에 이르는 지혜의 단계
　　　　　를 빨리어 경전에서는 10단계로 나눈다. 그러나 좀 더 상세하게 나눌 때는
　　　　　16단계의 지혜로 분류하는데, 이때 혐오의 지혜는 8단계에 속한다.

16단계 지혜 중에서 5단계의 소멸의 지혜가 성숙되면 6단계의 두려움의 지혜와 7단계의 고난의 지혜와 8단계의 혐오의 지혜로 성숙된다. 혐오의 지혜는 싫어하게 되는 지혜로 정신적·물질적 현상은 실체가 없고, 기댈 것도 없고, 진저리가 나는 것일 뿐이라고 보게 된다. 그래서 수행자는 행복하지 않고 수행에 대한 열의가 식어지고 알아차림이 약해진다. 그러므로 인간이나 천상이나 그 어느 세계도 좋게 보이지 않고 혐오감만 갖게 된다.

이러한 지혜의 단계는 위빠사나 수행에서 필연적으로 오는 자연스러운 과정이다. 그래서 이런 단계에 이르러 혐오감이 일어나면 있는 그대로 알아차려야 한다.

〈주해 10〉 여섯 가지 극악한 죄 :

    (1) 어머니를 죽임

    (2) 아버지를 죽임

    (3) 아라한을 죽임

    (4) 승가의 화합을 깨뜨림

    (5) 부처님의 몸에서 피가 나게 함

    (6) 다른 스승의 가르침을 좇음

성자(聖者)는 위빠사나 수행과 12연기를 통하여 깨달음을 얻은 수다원·사다함·아나함·아라한을 말한다. 이들 성자들은 자신이 깨달은 위빠사나 수행법이 진리임을 알기 때문에 다른 수행법이나 스승을 좇지 않는다.

제20장

청정(淸淨)에 대한 문답

1. 어느 평범한 비구와 네 분의 아라한

붓다께서 기원정사에 머무르고 계실 때 열반을 실현하기를 열망하던 어떤 비구가 한 분의 아라한에게 다가가서 질문했다.

"존자시여, 존자께서는 어떻게 있는 그대로를 보고 아는 지혜를 청정(淸淨)^{주해1)}하게 하십니까? 즉 분명하게 열반을 실현하기 위해서는 무엇이 필요합니까?"라고 물었다.

아라한께서 대답하셨다.

"형제시여, 여섯 가지 감각기관[六入]들의 일어남과 사라짐을 있는 그대로 알아차려서 청정하게 합니다. 형제시여, 분명하게 열반을 실현하기 위해서는 여섯 가지 감각의 일어남과 사라짐[生滅]을 있는 그대로 알아차리는 것이 필요합니다. 여섯 가지 감각이란 눈, 귀, 코, 혀, 몸, 마음입니다. 정신과 물질은 단지 일어남과 사라짐의 현상일 뿐이라고 실재하는 모습 그대로를 이해해야 합니다. 이들 여섯 가지 감각들을 있는 그대로 이해하고 알아차리는 자가 있다면 그는 열반을 실현할 수 있을 것입니다."

질문을 던진 이 평범한 비구는 이러한 대답에 만족하지 못했는데, 그것은 그가 알아차려야만 하는 것들의 수가 너무나 많다고 생각했기 때문이다. 그는 일어남과 사라짐의 지혜를 얻는 것의 중요성보다 그 여섯 가지 감각기관의 숫자에 대해 더 큰 우려를 한 것이다. 알아차려야 할 것들의 수가 너무 많다고 생각하며 그는 다시 다른 아라한께 가서 같은 질문을 드렸다.

두 번째 아라한은 다음과 같이 답했다.

"열반을 실현하기 위해서 오온의 일어남과 사라짐의 실재의 모습을 그대로 인식하고 알아차리려고 노력해야 합니다."

이 대답에도 그는 만족하지 못했는데 역시 알아차릴 것들의 숫자가 많다고 생각했기 때문이다. 이 평범한 비구는 분명 일어남과 사라짐이라는 핵심이 아닌 알아차려야 할 것들의 숫자를 너무나 중요시한 것이다.

두 번째 대답에도 만족하지 못한 채 그는 다시 세 번째 아라한 께 가서 같은 질문을 드렸다. 세 번째 아라한은 대답하셨다.

"사대(四大), 즉 지·수·화·풍의 일어나고 사라지는 본성을 이해하고 알아차릴 수 있다면 열반을 실현할 수 있다."

이 대답도 이 평범한 비구에게는 만족스럽지 못했지만 그는 세 번째 대답이 첫째나 두 번째 답보다는 더 낫다고 생각했다. 일어 남과 사라짐의 중요성을 보지 못하고 그 숫자에만 주의를 기울였 기 때문이다.

그는 다시 네 번째 아라한께 가서 같은 질문을 드렸다. 네 번 째 아라한께서 답하셨다.

"모든 일어나는 현상은 모두 끝이 소멸하는 법이다. 즉, 어떠 한 현상이 일어나든 이는 사라지기 마련이므로 이러한 법을 이해 하는 자는 열반을 실현할 수 있을 것이다."

이 비구는 마지막 아라한의 대답에도 전혀 만족하지 못했는데, 그것은 여전히 그가 두 가지의 법을 이해해야 한다고 생각했기 때문이다. 그는 자신이 이해해야 할 것이 육문(六門)이나 오온(五蘊), 사대(四大)가 아니라 일어남과 사라짐이라는 것을 모른 것이다. 또 위빠사나 수행의 핵심은 바로 일어남과 사라짐이라는 무상을 보는 것임을 깨닫지 못한 것이다.

그래서 그는 붓다께 가서 이들 네 분의 아라한에게서 들은 바를 말씀드리고 그 답변에 대해 만족스럽지 못했다고 말씀드렸다.

그러자 붓다께서 말씀하셨다.

"비구여, 일생 동안 한번도 부떼아(Butea) 나무를 본 적이 없었던 사람이 있었다. 그는 첫 번째 마주친 사람에게 그 나무가 어떻게 생겼는지 물어보았다. 그 사람은 부떼아 나무가 검정색이라고 답했는데, 그것은 그 사람이 나무가 불에 타서 쓰러진 뒤에 보았기 때문이다.

이 대답에 만족하지 못한 그는 또 다른 사람에게 가서 부떼아 나무에 대해 물어보았다. 두 번째 사람은 부떼아 나무는 고깃덩이처럼 생겼다고 대답하였다. 왜냐하면 그 사람은 꽃이 피었을 때의 나무의 모습만을 보았기 때문이다.

그러자 다시 세 번째 사람에게 가서 같은 질문을 하였다. 세 번째 사람은 부떼아 나무는 마치 칼집 속에 들어 있는 칼과 같다고 답했다. 이 이유는 나무가 열매를 매달고 있을 때 보았기 때문이다.

이 대답에 또한 만족하지 못한 채 네 번째 사람에게 질문하여 부떼아 나무는 넓적한 입을 가진 반얀(banyan) 나무와 비슷하다는 답변을 들었다. 왜냐하면 그 사람은 봄철에 녹색의 그늘진 잎이 무성한 나무를 보았기 때문이다."

붓다께서 계속해서 말씀하셨다.

"이 네 사람이 부떼아 나무를 설명한 것은 각자의 경우에 비추어 나름대로 옳은 것이었다. 이와 마찬가지로 최고의 깨달음을 증득한 순수한 통찰력을 가진 네 분의 아라한 또한 각자의 경우에 비추어 모두 옳았다. 왜냐하면 그들 모두는 일어남과 사라짐의 중요성을 강조했기 때문이다."

수행자는 여기서 기준이 되는 것이 육문이나 오온, 사대 등 어떤 대상이 아니라 바로 일어남과 사라짐이라는 것을 알아야만 한다. 왜냐하면 우리의 존재 안에 일어남과 사라짐 이외의 것은 없기 때문이다. 위빠사나 수행에서 일어남과 사라짐은 가장 핵심적 대상으로서 수행자에게 무상의 통찰을 얻도록 해줄 것이며, 이렇게 무상을 이해함으로써 괴로움의 진리를 이해할 수 있는 것이다. 무상을 이해하지 못하고는 진리에 대한 통찰지를 얻을 수 없다. 수행자에게 중요한 것은 일어남과 사라짐이라는 대상을 확고하게 잡는 것이다. 이 단계에서 수행자는 일어남과 사라짐에 대한 알아차림 없이는 다른 어떤 방법도 완전하고 올바른 것이라고 말할 수 없다는 결론에 도달하게 된다.

부정할 수 없는 사실은 위빠사나 수행은 일어남과 사라짐으로부터 시작되어야 한다는 것이다.^{주해2)} 그러므로 일어남과 사라짐이 없는 위빠사나 수행은 순수하고 완전한 위빠사나라고 말할 수 없으며, 이러한 수행방법에 의존해서는 안 된다.

붓다께서 말씀하셨다.

"모든 형성된 것들이 무상하다고 지혜로 볼 때
그 고통에 대하여 혐오하게 된다.
이것이 청정에 의한 길이다."

즉, 조건 지어지고 만들어진 모든 것들은 영원하지 못하다. 이러한 사실을 위빠사나 지혜를 통해 이해할 때 수행자의 마음에는 끊임없이 일어나고 사라지는 오온이 고통일 뿐이라고 아는 완전한 혐오가 일어난다. 그는 더 이상 오온에 대해 갈망하지 않으며, 다음 생에 대한 욕망의 불꽃을 지피지 않는다. 이러한 때 그가 열반으로 가는 입구에 서 있다고 말할 수 있다.

붓다께서 다시 말씀하셨다.

"실로 형성된 것들은 무상하고 일어나고 사라지는 성질을 가지고 있다.

그들은 일어났다가 곧 소멸한다.

그들의 소멸이 행복이다."^{주해3)}

첫 번째 구절은 조건 지어지고 만들어진 고든 것들이 영원하지 못하다는 것을 의미한다. 그들 속에는 일어남과 사라짐이 내재되어 있다. 두 번째 구절은 모든 대상에는 오로지 일어남과 사라짐이 있을 뿐이라는 뜻이다. 세 번째 구절은 일어남 뒤에 사라짐이 있으며 일어남과 사라짐, 즉 고통의 멈춤과 소멸은 축복(열반)이라는 것을 의미한다.

이제 수행자는 잘 알려진 이 두 개의 빨리어 게송을 단지 붓다를 경배하려는 의도로만 암송해서는 안 된다. 이 두 게송은 우리가 위빠사나 수행을 할 때 알아차려야 할 기준이라고 분명하게 알아야 한다.

『염처경(念處經)』의 어느 부분에서나 사념처의 가장 중요한 기준이 되는 아래의 구절을 볼 수 있다.

"일어나는 법을 알아차리면서 지낸다.

사라지는 법을 알아차리면서 지낸다.

일어나고 사라지는 법을 알아차리면서 지낸다.”

이것은 수행자는 일어남과 사라짐만을 지속적으로 알아차려야
한다는 것을 의미한다.

이제 수행자는 위빠사나 수행 중에 일어남과 사라짐이라는 기
준[1]을 보는 것이 얼마나 중요하고 핵심적이며 긴요한 것인지 분
명히 알 수 있을 것이다.

2. 붓다의 위대한 두 제자의 문답

붓다께서 살아 계시던 어느 날, 꼬띠까(Kotthika) 장로가 붓다의
상수 제자인 사리뿟따(Sāriputta) 장로에게 와서 질문하였다.

“사리뿟따 형제시여, 청정하게 계율을 지키고 바른 마음가짐을
지닌 범부가 수다원도를 얻으려면 무엇을 어떻게 해야 합니까?”

사리뿟따 장로가 답하였다.

---

1) 일어남과 사라짐에 대한 이해 없이 보내는 백 년보다 일어남과 사라짐의 통찰
　지혜를 얻은 단 하루의 공덕이 높다.―『법구경』

"꼬티까 형제시여, 청정하게 계율을 지키고 바른 마음가짐을 지닌 범부가 수다원도를 얻기 위해서는 오온의 일어남과 사라짐의 성품에 대해 알아차려야 합니다."

다시 꼬티까 장로가 질문하였다.

"그렇다면 형제시여, 다시 수다원의 도과를 얻은 자가 사다함도를 얻기 위해서는 무엇을 어떻게 해야 합니까?"

이 질문에 대하여 사리뿟따 장로는 대답하였다.

"바른 태도를 가진 수다원의 도과를 얻은 자는 오온의 일어남과 사라짐의 성품에 대해 알아차려야 합니다."

꼬티까 장로는 다시 사리뿟따 장로에게 사다함과 아나함은 다음의 더 높은 도과를 성취하기 위해 무엇을 어떻게 해야 할지를 질문하였다. 이에 사리뿟따 장로는 앞서와 같이 다음의 높은 단계를 얻기 위해서는 오온의 일어남과 사라짐의 성품에 대해 알아차려야 한다고 말씀하였다. 그분은 아라한마저도 과(果)를 성취한 지복을 누리기 위해서는 오온의 일어나고 사라지는 현상에 대해 지속적으로 알아차려야 한다고 덧붙였다. [주해4]

여기에서 바른 마음가짐이란 바른 지혜에 대한 바른 태도이다. 즉, 이치에 맞게 숙고[如理作意]하는 것을 말한다. 이것이 의미하는 바는 물질[色]은 물질일 뿐 '나' 혹은 '내 것'이 아니고, 느낌[愛]은 느낌일 뿐 '나' 혹은 '내 것'이 아니며, 지각[想]과 형성 작용[行] 또한 지각과 형성 작용일 뿐 '나' 혹은 '내 것'이 아니라는 것이다. 즉 바른 마음가짐이란 실재하는 법(Paramattha Dhamma)을 통해 대상을 있는 그대로 보는 것을 의미한다.

아라한 꼬티까 장로는 그 자신이 아라한임에도 불구하고 젊은 비구들의 이익을 위해 사리뿟따 장로에게 이러한 질문을 드렸던 것이다.

바른 마음가짐을 지니지 않고서는 수행자가 사물을 있는 그대로 보기가 불가능하다.

바른 마음가짐과 함께 계(戒)가 필요하다. 계(戒)는 수행자를 청정하게 하고 마음집중에 도움이 되는 5계 내지 8계의 도덕적 규범을 의미한다.

계와 바른 마음가짐은 초보 수행자가 수행을 하기 전에 반드시 갖춰야 할 필수적 덕목이다. 이것들이 갖춰진 이후에 비로소 일어남과 사라짐의 성품을 보는 위빠사나 수행을 시작해야 한다.

느낌은 느낌을 알아차리는 수행자에게 느낌이 사라지는 것을 와서 보라고 요청한다. 마찬가지로 마음은 마음을 알아차리는 수행자에게 마음이 사라지는 것을 와서 브라고 요청한다. 이것이 바로 '와서 보라(Ehi passiko)'는 것이고 또한 '스스로 보라[自見]'는 것이다. 이러한 요청은 수행자에게 무척이나 중요한 것으로써 이에 대해 반드시 지혜와 알아차림으로 대해야만 한다. 수행자가 이 부름에 응할 때는 반드시 갈애나 성냄이 없어야 한다. 만일 즐거운 느낌에 대해 갈애를 가지고 반응하거나 괴로운 느낌에 대해 성냄이나 불쾌함을 가지고 반응한다면 연기의 과정은 계속적으로 끝없이 반복될 뿐이다.

어떤 사람들은 3년 혹은 4년 동안 진리[法]를 구해 왔다고 하지만 올바른 기준을 만나지 못했을 수도 있다. 그들은 법이 그들에게 와서 보라고 요청하고 있다는 것을 모르기 때문이다. 법은 언제나 와서 보기를 요청하고 있다. 우리 존재의 모든 것인 오온은 알아차릴 대상이다. 그것은 마치 보트 안에서 노를 젓는 사람이 물을 찾고 있는 것과 같다. 오온이 있는 곳에는 반드시 일어남과 사라짐이 있고, 일어남과 사라짐이 있는 곳에는 반드시 괴로움이 있다. 괴로움을 알면 무상을 알고 괴로움의 진리인 통찰 지혜가 따라온다.

오온의 일어남과 사라짐을 알지 못하는 타고난 무지로 인해 수행자는 무상을 영원한 것으로, 괴로움을 행복한 것으로 착각하고 있다. 왜냐하면 그는 훌륭한 스승을 만나지 못했거나 훌륭한 스승을 찾으려는 노력을 하지 않았기 때문이다. 훌륭한 스승은 주로 사성제와 연기법을 결합하여, 연기의 회전이 어떻게 시작되며, 연기의 수레바퀴를 어떻게 부술 수 있는지를 가르친다.

주해(註解) ━━━━━━━━━━━━━━━━━━━━━━━━━━━━━●

〈주해 1〉 청정(淸淨) : 여섯 가지 감각기관인 육입(六入. 六門)에 여섯 가지 감각
　　　　　대상인 육경(六境)이 부딪쳐서 육식(六識)을 칼 때 대상을 있는 그대로
　　　　　아는 것을 청정하다고 한다. 이때 불선심인 탐진치가 붙지 않아 계행(戒
　　　　　行)을 지키게 되어 깨끗하고 선한 상태가 된다. 위빠사나 수행을 할 때
　　　　　청정한 알아차림과 청정한 집중이 모두 여기에 해당된다.

〈주해 2〉 사마타 수행은 관념적이고 고유한 특성이 없는 것을 대상으로 하기 때
　　　　　문에 고요함을 얻는다. 위빠사나 수행은 실재하는 현상인 몸과 마음을
　　　　　대상으로 알아차리기 때문에 고유한 특성이 있는 것을 대상으로 하여
　　　　　지혜를 얻는다. 이때 알게 되는 고유한 특성이란 몸과 마음에서 일어나
　　　　　는 느낌을 말한다. 이러한 느낌은 나의 느낌이 아니며 매순간 일어나고
　　　　　사라지는 생멸을 거듭한다. 그래서 이런 느낌을 통하여 비로소 무상이
　　　　　라는 법을 볼 수 있게 되는 것이다. 그러나 모든 수행자들이 처음부터
　　　　　일어남과 사라짐을 볼 수 있는 것은 아니다. 일어남과 사라짐을 보지 못
　　　　　하면 위빠사나 수행이 아니라는 말은 넓은 시각에서 받아들여야 한다.
　　　　　왜냐하면 일어남과 사라짐은 무상을 아는 지혜로 경험이 충분한 수행자
　　　　　들이 얻는 지혜이기 때문이다.
　　　　　초보 수행자들은 일반적으로 대상의 모양을 즈시하기 마련이다. 그리고
　　　　　차츰 알아차리는 힘이 생기고 집중이 되면 대상의 성품을 보게 된다. 일
　　　　　어남과 사라짐을 알아차리지 못하면 위빠사나 수행이 아니라는 말은 수
　　　　　행자들이 궁극적으로 일어남과 사라짐을 알아야 한다는 것을 말한다.

〈주해 3〉 소멸이 행복이다 : 존재한다는 것은 오온을 가졌다는 것이고, 오온은 그
　　　　　자체가 괴로움이다. 그래서 괴로움의 번뇌가 소멸하는 것을 행복이라고

한다. 이때의 소멸은 열반이고, 이때의 행복이 열반이다.

열반은 원인과 결과가 없고 번뇌가 끊어진 자리라서 지고의 행복으로 불린다. 그래서 출세간의 최고의 지위로 일컫게 된다. 그러나 감각적 욕망을 대상으로 하는 세속의 정신적 상태에서는 출세간의 열반의 상태를 도저히 상상하거나 이해할 수 없다.

〈주해 4〉알아차림은 두는 알아차림과 있는 알아차림이 있다. 처음에 수행을 시작하면 계속적으로 알아차려야 한다. 그러나 차츰 수행이 발전하면 알아차리는 힘이 생기게 되고 집중이 되기 시작하여 법의 힘으로 알아차리게 된다. 그래서 크게 힘을 쓰지 않아도 자연스럽게 알아차림의 흐름이 지속될 수 있다. 이때 지혜가 생겨서 있는 알아차림이 생기게 된다. 아라한이 되었다고 해서 할 일이 끝난 것이 아니다. 오히려 높은 도과를 성취할수록 알아차림이 습관화된다. 위빠사나 수행의 궁극적 대상은 일어남과 사라짐을 알아차리는 것이고, 다음으로 알아차림을 지속하는 것이다.

제21장

수온(受蘊)과 연기법

누가 이 책을 읽고 있는가?

이 책을 읽고 있는 자는 남자인가, 여자인가?

혹은 느낌인가?

무엇이 정답인가?

오온 중의 하나인 느낌의 무더기를 수온(受蘊)이라 한다. 따라서 정답은 수온이 글을 읽고 있다는 것이다. 글을 읽는 자는 나 혹은 나 자신이 아니다.

연기법에서는 "촉을 원인으로 하여 수가 일어난다"고 말한다. 즉 접촉에 의하여 느낌이 일어나는 것이다. 이것은 선행한 원인에 대한 결과이다.

다시 질문을 할 수 있다. "언제 그리고 어디에서 느낌이 일어나는가?" 이에 대한 답은 접촉이 일어날 때는 언제나 느낌이 일어난다는 것이다. 느낌은 눈을 기반으로 하여, 귀를 기반으로 하여, 코를 기반으로 하여, 혀를 기반으로 하여, 몸을 기반으로 하여 그리고 마음을 기반으로 하여 일어난다.

"우리는 누구와 함께 살아가는가?" 우리는 매순간 느낌과 함께 살아간다. 느낌은 허공과 같다. 손가락으로 허공을 가리키면 어디에나 허공이 있다. 이처럼 느낌이 없는 순간은 단 한순간도 없다. 이러한 점을 지혜와 알아차림을 가지고 자기 자신 안[內]^{주해1)}에서 지켜보아야 한다.

붓다께서 나꿀라삐따(Nakulapita)에게 말씀하시길, "오온을 가진 자가 단 한순간이라도 느낌에서 자유롭다고 주장한다면 그는 매우 어리석은 자이다"라고 하셨다. 느낌은 어디에나 있으며 어디에나 존재한다. 이 사실을 모르는 수행자들은 느낌이란 것에 대해서 모르기 때문에 특별한 느낌을 찾아다닌다.

감각기관이 대상과 접촉할 때는 언제 어디서나 느낌이 일어난다. 눈과 눈으로 보는 대상이 만날 때면 언제나 '눈과 접촉하여 일어난 느낌'이 일어난다. 귀가 소리와 접촉할 때는 언제나 '귀와 접촉하여 일어난 느낌'이 일어난다. 같은 방식으로 대상이 코, 혀, 몸 또는 마음에 접촉하면 각각의 느낌들, 즉 '코와 접촉하여

일어난 느낌', '혀와 접촉하여 일어난 느낌', '몸과 접촉하여 일어
난 느낌', '마음에 접촉하여 일어난 느낌'이 일어난다.

거기에다 때때로 좋아하는 대상, 싫어하는 대상, 중립적인 대
상에 따라서 즐거운 느낌, 괴로운 느낌, 덤덤한 느낌이 일어난다.

위빠사나 수행은 열반을 실현할 수 있도록 수행자들을 이끌어
준다. 누구나 통증이 느낌[1]이라는 것을 안다. 그러나 초보 수행
자에게는 이것만으로 충분하지 않다. 이것보다는 더 많이 알아야
한다. 느낌에 대해 알아차릴 때 여전히 느낌을 찾는다면 이것은
옳은 방법이 아니다. 왜냐하면 수행자가 존재하는 어떤 느낌을
찾는다면 항상 하는 느낌, 즉 영원하며 변하지 않는 느낌을 찾는
다고 할 수 있기 때문이다. 그것은 옳지 않다. 붓다께서는 "느낌
은 무상하다"고 말씀하셨다. 즉, 느낌은 항상 하거나 지속하는 것
이 아니다. 다른 오온과 마찬가지로 느낌은 연속적인 두 순간에
동일한 모습으로 지속될 수 없다. 느낌은 일어나는 즉시 사라진
다. 그러므로 수행자는 무상이라는 통찰력을 가지고 느낌이 사라
지는 것을 알아차려야 한다. 느낌은 하나 나지 두 순간에(one/two)
존재한다.[주해2] 즉 일어나고 다음 순간 사라진다.

---

1) 보통 쑤심, 통증, 아픔 등을 느낌으로 여긴다. 그러나 느낌은 그 이상의 것이다.

예를 들면, 그것은 마치 가려운 느낌과 같다. 처음에는 참을 수 없지만 점차적으로 강도가 약해져서 결국 가려운 느낌은 완전히 사라진다.

달리 말하면, 처음에는 그 가려움의 강도가 극대치였고, 그다음에 중간 강도로 떨어졌다가 다시 최소 강도로 떨어지고, 결국 완전히 사라지는 것이다. 똑같은 방식으로 아픔, 쑤심 등도 처음에는 아주 강하게 나타났다가 점차 약해지면서 사라진다. 수행자가 이러한 느낌의 변화를 보지 못하면 한 느낌이 오래 지속되는 것이라고 착각하게 된다. 그러나 실제로는 그러한 연속적인 느낌 안에는 일어남과 사라짐의 현상이 있다. 그러므로 수행자는 느낌이 일어나고 사라지는 것을 알아차려야 한다.

일반적으로 믿고 있는 것과는 달리 고통이나 아픔이 길게 지속되는 것은 아니다. 그러나 느낌이 일어났다 사라지는 것이라고 생각하도록 자기 자신에게 강요하지는 말아야 한다. 대신 통찰력을 가지고 일어남과 사라짐, 즉 법이 언제나 보여주고 있는 무상을 확실하게 알아차려야 한다.

수행자가 느낌을 대상으로 알아차릴 때 항상 연기법을 염두에 두어야 한다. 그렇지 않으면 결코 진리에 도달할 수 없다.

예를 들면, 만일 즐거운 느낌이 일어날 때 수행자가 그 일어남과 사라짐(무상)을 알아차리지 못하면 그에 따른 갈애가 따라올 것이다. 갈애가 일어나면 집착이 따라오고, 다시 업의 생성이 잇따라 일어나 결국 그 결과로 태어남과 늙음과 죽음이 따라오게 된다. 그리하여 연기의 모든 고리가 연결되어 끝없는 회전을 계속하게 될 것이다. 이것이 바로 연기의 순환이 중간에서부터 시작되는 것이다.[주해3]

반면 수행자가 즐거운 느낌이 일어나고 사라지는 것을 알아차리면 그에 따른 갈애가 일어날 수 없다. 만일 갈애가 없으면 집착 또한 일어나지 않으며 집착이 없으면 업의 생성 또한 일어날 수 없다. 그러므로 태어남과 늙음과 죽음 또한 일어나지 않는다. 이렇게 연기의 사슬은 그 중간에서 끊어진다.

만약 괴로운 느낌을 위와 같은 방식으로 알아차리지 못하면 슬픔, 비탄, 고통, 근심, 불안 등이 피할 수 없이 따라오고, 그렇게 연기의 전체 과정이 끝에서부터 회전하기 시작한다.[주해4]

같은 방법으로 덤덤한 느낌을 분명하게 알아차리지 못하면 피할 수 없이 무명이 뒤따르게 된다. 이것이 연기가 처음에서부터 시작되는 것이라고 할 수 있다.[주해5]

이와 같이 세 가지 종류의 느낌들을 분명하게 알아차리는 데 실패하면 연기가 처음과 중간, 끝에서부터 돌아가는 원인이 된다.

만약 세 가지 종류의 느낌을 분명하게 알아차렸다면 연기의 사슬을 이루는 고리들이 시작과 중간과 끝에서 끊어진다.

붓다께서 말씀하시길, 즐거운 느낌에 이어 갈애가 따라오면 결코 열반을 실현할 수가 없다고 하셨다. 이와 마찬가지로 괴로운 느낌에 이어 성냄, 슬픔이 따라와도 결코 열반을 실현할 수가 없다.

만약 덤덤한 느낌을 알아차리지 못하면 무명(어리석음)이 일어나고, 결국 연기가 시작에서부터 돌기 시작한다. 그러므로 수행자는 일어남과 사라짐을 알아차리는 수행을 해야만 한다.

『상윳따니까야』 인연품(Nidāna Vagga Saṁyutta)에서 이르기를, "번뇌가 소멸함으로써 무명이 소멸한다"라고 했다. 이것은 번뇌로부터 자유로운 자에게는 무명이 지혜가 된다는 의미이다. 그러면 연기는 시작에서부터 끊어지게 된다.

연기는 세 가지 종류의 느낌을 분명하게 알아차릴 때마다 일어났다가 언제 어디서나 세 가지 위치에서 끊어질 수 있다. 이것이 이루어지지 않으면 연기는 중간과 끝 그리고 시작에서부터 시작될 것이다.

즐거운 느낌, 괴로운 느낌, 덤덤한 느낌은 번갈아가며 일어났다가 사라진다. 이러한 느낌을 알아차리는 수행을 하지 않으면 무명(無明)이 일어나서 행(行)이 일어나는 원인이 되고, 이렇게 연기의 전 과정이 따라오게 된다.

즉, 식(識)은 행으로 인해 일어나게 된다. 여기에서 식은 재생연결식(再生連結識. 다시 태어날 때의 의식)으로서 일반적으로 사악도에 다시 태어나는 것을 말한다. 붓다께서는 손톱 위에 있는 흙의 양만큼 적은 사람들이 행복하게 태어나고, 이 우주의 흙의 양만큼 많은 사람들이 사악도에 떨어진다고 비유하셨다.

주해(註解) ───────────────────────────────────────●

〈주해 1〉 안[內] : 위빠사나 수행에서 대상을 알아차린다는 것은 육근(六根. 六入)
이 육경(六境)에 부딪쳐서 육식(六識)을 한다는 것이다. 이때 부딪치는
장소를 육근에 두고 알아차리는 것을 안[內]에서 알아차린다고 말한다.
이때의 육근을 육문(六門)이라고도 한다. 이렇게 육문에 알아차림을 두
는 것을 문지기가 지키고 있어서 탐진치의 도둑이 들어올 수 없다고 말
하기도 한다.
그러나 일상생활에서 알아차리는 대상과 상황에 따라 육문에 알아차림
을 두지 않고 육경에 두어야 할 때가 있다. 이때는 밖[外]이라고 한다.
그리고 알아차리는 대상과 상황에 따라 안팎[內外]에 알아차림을 두어
야 할 때도 있다. 이처럼 수행을 하면서 알아차릴 대상이 부딪치는 장소
를 안, 밖, 안팎으로 구분하여 알아차려야 한다.

〈주해 2〉 느낌은 하나 내지 두 순간(one/two)에 존재한다 : 마음이 한순간에 하나
밖에 존재할 수 없지만 모든 것에는 일어남과 사라짐이 있기 때문에 두
순간을 하나의 완성으로 보기도 한다. 느낌도 마찬가지다. 느낌에서도
일어남과 사라짐이 있기 때문에 하나 내지 두 순간이 존재한다.

〈주해 3〉 도표 부분 2의 끝이 수(受)인데 이때 즐거운 느낌이 일어나면 부분 3의
첫 번째인 갈애로 연결되어 연기의 순환이 중간에서부터 시작되는 것이
다. 반면 즐거운 느낌이 일어나지 않아 갈애로 이어지지 않게 되면 연기
의 사슬이 중간에서 끊어지는 것이 된다. 이처럼 연기의 사슬이 중간에
서 끊어지면 끝에서도 끊어지는 것이 되고, 시작에서도 끊어지는 결과
를 가져오게 된다.

〈주해 4〉 괴로운 느낌이 있을 때 알아차리지 못하면 연기가 끊어지지 않고 노사(老死)까지 윤회하여 끝에 다다르게 된다. 그렇게 되면 노사로 인하여 다음 생을 받으므로 연기가 끝에서부터 시작하게 된다. 그러나 죽기 전에 알아차려서 집착을 끊고 도과를 성취하게 되면 연기가 끝에서 끊어지게 된다.

〈주해 5〉 덤덤한 느낌을 알아차리지 못하면 무지의 느낌이라고 한다. 이때 덤덤한 느낌을 빨리어로 우뻬카 웨다나(Upekkhā vedanā)라고 한다. 우뻬카(upekkhā)는 평정·사(捨)·무관심이란 뜻이고, 웨다나(vedanā)는 느낌을 말한다. 그러나 우뻬카 웨다나를 말할 때는 무지의 느낌이라고 한다. 연기의 시작은 무명이고 덤덤한 느낌이 알아차림이 없는 무지의 느낌일 때 만약 알아차림이 있다면 지혜의 느낌으로 바뀌게 된다. 그렇다면 무명이 지혜로 바뀌는 것이다. 그래서 무명이던 연기가 처음부터 시작되는 것이고, 무명이 지혜로 바뀌면 연기가 시작에서 끊어져 업을 형성하는 행(行)으로 흐르지 않게 된다.

제22장

수념처(受念處)

느낌은 세 가지 현상, 즉 감각기관과 감각대상 그리고 의식이 부딪치는 때면 언제나 일어난다. 이들 세 가지의 부딪침이 곧 촉(觸)이다. 그 가장 가까운 원인이 접촉(부딪침)이다.

"촉을 원인으로 하여 느낌이 일어난다."

그러므로 느낌을 의도적으로 찾아서는 안 된다. 접촉이 있는 곳이면 언제 어디서나 느낌은 일어난다.

눈, 귀, 코, 혀를 기반으로 하여 일어나는 느낌은 덤덤한 느낌이다.

몸에서 일어나는 육체적 느낌은 즐겁거나 괴로운 느낌이다.

정신적인 느낌은 정신적으로 즐거운 느낌이거나 정신적으로 괴로운 느낌이다.

때로 유리하고 기분 좋은 상황에 있을 때면 즐거운 느낌이 일어난다. 즐겁지 못한 상황이나 순조롭지 못한 사업, 집안일 등으로 인해 불만족스러울 때는 괴로운 느낌을 경험한다.

또는 일어나는 일들을 자신의 업(業)으로 순순히 받아들인다면 덤덤한 느낌을 경험할 것이다.

고 대장로 모곡 사야도께서는 초보 수행자의 이익을 위해 다음과 같이 수념처(受念處. 느낌을 알아차림) 수행의 쉬운 방법을 고안해 내셨다.

  1. 여섯 가지 외부 방문자 느낌들
    (1) 눈을 기반으로 하여 일어나는 덤덤한 느낌
    (2) 귀를 기반으로 하여 일어나는 덤덤한 느낌
    (3) 코를 기반으로 하여 일어나는 덤덤한 느낌
    (4) 혀를 기반으로 하여 일어나는 덤덤한 느낌
    (5) 몸을 기반으로 하여 일어나는 즐거운 느낌
    (6) 몸을 기반으로 하여 일어나는 괴로운 느낌
  이상 여섯 가지는 외부 방문자 느낌들이라고 한다.

2. 세 가지 내부 방문자 느낌들
  (1) 마음을 기반으로 한 즐거운 느낌
  (2) 마음을 기반으로 한 괴로운 느낌
  (3) 마음을 기반으로 한 덤덤한 느낌
이상 세 가지는 내부 방문자 느낌들이라고 한다.

3. 세 가지 주인의 느낌들
  (1) 즐겁고 기쁜 일 혹은 유쾌한 상태에서 즐거운 느낌과 함
     께하는 들숨과 날숨의 느낌
  (2) 불만, 고통 혹은 절망의 상태에서 괴로운 느낌과 함께하
     는 들숨과 날숨의 느낌
  (3) 즐겁지도 괴롭히지도 않은 상태에서 덤덤한 느낌과 함께
     하는 들숨과 날숨의 느낌

수행자는 언제 어디에서나 느낌이 일어날 때 일어나는 곳에서
알아차리는 것이 중요하다. 일반적으로 가슴이나 머리 부분에 알
아차림을 고정시키는 수행이 많이 이루어지나 느낌은 적당한 때
몸의 어느 곳에서나 나타난다. 그러므로 고정된 곳에서 느낌을
보는 수행이 옳다고 할 수는 없다. 그것은 마치 잘못된 과녁에 화
살을 겨누는 것과 같다. 아무도 느낌과 계약을 맺을 수는 없다.
즉, 아무도 어떤 특정 장소에 느낌을 고정시켜 둘 수는 없다. 접
촉하는 과정이 있는 곳이면 어디에서나 느낌은 일어난다. 만일

어떤 수행자가 한순간 지켜본 느낌이 또 다른 순간의 느낌과 똑같다고 여긴다면 그는 아직 가야 할 길이 먼 사람이라고 말할 수 있다.^{주해1)}

붓다께서 이르시길, "비구들이여, 느낌들에 대하여 무상으로 알고 보는 자는"이라고 하셨다. 이 말씀은 "비구들이여, 느낌은 일시적이고 무상하며 연속적인 두 순간에 결코 동일한 모습으로 존재하지 않음을 알아차리고 통찰력으로 지켜보아야 한다"는 의미이다. 만일 수행자가 통찰 지혜를 가지고 느낌이 무상하다는 것을 알고 보지 못한다면 그는 아직도 바른 궤도에 들어오지 못하였다는 것을 의미한다.[1]

느낌은 언제나 일어나고 사라지는 것을 보여주고 있다는 사실을 분명하게 이해해야 한다. 이렇게 느낌에 대한 꿰뚫는 통찰력을 얻지 못한 수행자는 아직 바른 수행법을 익히지 못했기 때문이다.

『염처경』에서는 다음과 같이 말하고 있다.

"혹은 느낌에서 일어나는 현상을 알아차리며 지낸다. 느낌에서

---

1) 느낌은 보통 오래 지속되는 통증이라고 믿어지고 있다.

사라지는 현상을 알아차리며 지낸다. 느낌에서 일어나고 사라지는 현상을 알아차리면서 지낸다."

이것은 수행자는 느낌의 일어남과 느낌의 사라짐, 그리고 느낌의 일어남과 사라짐 모두에 대해 지속적으로 알아차려야 한다는 것을 의미한다.

수행자가 일부러 느낌을 찾아다녀서는 안 된다는 것을 명심해야만 한다. 일반적으로 통증이나 가려움, 아픔을 겪을 때 느낌이 있다고 생각하게 되지만 사실 느낌은 그 이상의 것이다. 느낌은 항상 모든 곳에서 존재하고 있다. 눈·귀·코·혀·몸·마음을 바탕으로 한 여섯 가지 느낌 중에서 항상 하나의 느낌은 존재하는 것이다.

느낌이 없는 순간은 단 한 찰나도 없다. 그러므로 수행자는 반드시 오온 중의 하나인 느낌의 일어남과 사라짐에 대해 알아차리려고 노력해야만 한다.

일어남과 사라짐은 무상이다. 이것을 이해하고 통찰하는 것이 바로 도(道)이다. 이렇게 무상과 도가 계속되어 더 이상 무상과 도 사이에 끼어드는 번뇌가 없을 때라야 이번 생(生)에 도과(道果)를 성취할 수 있다.

느낌이 사라지는 것을 지속적으로 알아차리는 것이 무상수관 (無常隨觀)이다. 반면 수행자가 단지 느낌을 알아차리기만 한다면 '정신과 물질을 아는 지혜'가 된다. 이것은 위빠사나 수행의 첫 번째 단계로서 높은 단계의 지혜가 아니다.

〈주해 1〉 느낌은 위빠사나 수행에서 알아차려야 할 대상이다. 그러나 느낌에 알
아차림을 정확하게 겨냥하지 못하면 단순한 느낌으로 여기게 되어 단조
로워서 싫증을 내게 된다. 그러면 대상에 관심이 사라져서 알아차림을
놓치게 된다.
모든 느낌은 매순간 변하기 때문에 매순간마다 모두 다르다. 호흡을 알
아차릴 때도 매순간의 호흡이 다른 느낌으로 일어나고 사라진다. 대상
에 알아차림을 정확하게 겨냥하면 이와 같이 느낌의 일어나고 사라짐을
알게 되어 단조롭지 않기 때문에 흥미를 잃지 않게 된다. 그래서 알아차
림을 지속할 수 있게 된다. 느낌의 일어남과 사라짐을 보게 되면 알아차
림을 지속할 수 있고, 무상의 법을 볼 수 있게 되어 지혜를 얻게 된다.

제23장

범부와 아라한에게 느낌이 미치는 영향

느낌은 머리카락, 손톱, 발톱, 피부 각질 등을 제외한 몸 전체에서 항상 어느 순간에나 나타난다.

느낌과 마음(의식)은 동시에 발생하는 구생법(俱生法)으로서 함께 일어나며 함께 존재하고 함께 소멸된다.

사성제의 진리를 잘 알지 못하는 어떤 범부가 나무뿌리에 걸려서 발을 삐었다. 그는 육체적인 아픔으로 괴로워할 뿐만 아니라 정신적으로 일어난 괴로운 느낌으로 인해 고통을 받고, 또한 다시 아픔이 낫기를 간절히 바라는 갈애로 인해 고통을 받는다.

그는 정신적으로 일어난 괴로운 느낌을 알아차리지 못한 것뿐 아니라, 빨리 낫기를 바라는 갈애가 일어난 것도 알아차리지 못한 것이다. 이것이 바로 무명이다. 이렇듯 범부가 느낌으로 괴로 워하는 것은 네 번이나 창에 찔린 것과 같다고 할 수 있다.

첫째, 통증이라는 육체적으로 일어난 괴로운 느낌으로 인하여 고통을 받는다.

둘째, 정신적으로 일어난 괴로운 느낌으로 인하여 고통을 받는다.

셋째, 고통이 사라지기를 바라는 욕망인 갈애로 인하여 고통을 받는다.

넷째, 정신적 괴로움과 갈애가 일어나는 것을 알아차리지 못한 무명으로 인하여 고통을 받는다. 그러므로 이와 같은 사실은 네 번이나 창에 찔린 사람에 비유할 수 있다.

아라한의 경우에는 느낌으로 고통 받을 때 단지 육체적으로만 고통을 받을 뿐 정신적인 고통은 일어나지 않는다. 왜냐하면 아 라한은 이미 도과(道果)에 의해 정신적인 괴로움을 근절하고 뿌리 뽑았기 때문이다.

성자나 성자의 제자들에게 육체적으로 즐겁거나 괴로운 느낌 이 일어나고 사라질 때(무상)에는 이것을 알아차려서 '느낌으로 인해 정신적인 괴로움이 일어난다'거나 '느낌으로 인해 갈애가 일어난다'가 되지 않도록 해야 한다.

대신 '느낌을 원인으로 지혜가 일어난다'가 되어야 한다. 달리 말하자면 이때 느낌은 정신적 괴로움이나 갈애의 원인이 되는 것이 아니라 지혜의 원인이 되는 것이다. 왜냐하면 느낌을 있는 그대로 알았기 때문이다. 이와 같이 느낌은 무상하고 영원하지 않으며 오래 지속되지 않고 연속적인 두 순간에 동일한 모습으로 유지될 수 없다는 것을 알아야 한다.

미혹의 상태에서는 느낌이 오래 지속되며 그치지 않는 고통이라고 믿어진다.

명상 중에 수행자는 육체적으로 일어난 괴로운 느낌을 경험하기 마련이다. 그것은 창에 한 번 찔린 것이라고 비유할 수 있다. 그러나 매번 창에 찔릴 때마다 반드시 이에 따른 조처가 뒤따라야 한다. 이 말은 육체적인 고통으로 인해 정신적인 괴로움이 일어날 때마다 그 일어남과 사라짐(무상)에 대해 알아차려야만 한다는 뜻이다.

이렇게 일어남과 사라짐을 즉시 알아차리면 정신적인 괴로움[苦]이 일어날 수 없다. 이에 따라 슬픔[愁], 비탄[悲], 번뇌[惱] 또한 일어날 수가 없는 것이다. 이런 식으로 연기가 중간에서 끊어진다.

무명은 갈애, 근심, 비탄, 정신적 괴로움 등 다른 요소들과 함께 일어나고, 함께 존재하며, 함께 사라지는 요소라는 점을 분명하게 이해해야만 한다. 그리하여 이들 요소들(갈애, 근심, 비탄, 정신적 괴로움)이 제거되면 무명 또한 무명으로 남아 있을 수 없다. 대신 그것은 지혜의 일어남이 된다. 지혜가 무명의 자리를 대신해 나타나면 연기는 시작에서 끊어진 것으로 알아야 한다.

"무명이 소멸되면 업의 형성[行]이 소멸된다."

수행 중에 몸에서 가려움이 느껴지면 가려움이 일어나고 사라지는 것을 놓치지 말고 알아차려야 한다. 만약 이것을 알아차리지 못하고 놓치게 되면 탐욕, 성냄, 어리석음이 끼어들 기회를 주는 것이다.

도표를 참조하기 바란다.

"수를 원인으로 하여 갈애가 일어난다." 중요한 사실은 도(위빠사나 도)의 입구가 느낌과 갈애 사이에 있다는 것이다. 달리 말하자면 수행자는 어떠한 느낌이 일어나든 그 일어남과 사라짐을 알아차려서 느낌에서 갈애로 연결되지 않도록 해야만 한다. 이렇게 되면 부분 2는 부분 3으로 이어질 수 없다. 그러면 윤회의 사슬을 잇는 연결고리가 끊어진다. 그래서 연기가 중간에서 끊어진다는 것이다.

수다원, 사다함, 아나함, 아라한의 도는 이 지점, 즉 느낌과 갈애 사이에서 성취된다. 달리 말하면 갈애는 도에 의해 느낌으로부터 잘려나가는 것이다.

"느낌이 소멸되면 갈애가 소멸된다. 갈애의 소멸이 곧 도(道)이다." 이 말은 느낌이 소멸되면 갈애는 자동적으로 소멸되며, 갈애가 소멸되면 곧 도를 얻게 된다는 뜻이다. 원인이 없어지면 그에 따른 결과 또한 일어날 수 없으므로 느낌을 무상으로 알아차릴 때 갈애가 일어나지 않는다.

고 대장로 모곡 사야도께서는 궁극적 의미로 볼 때 우리의 스승 붓다께서 최고의 깨달음을 얻으신 곳은 고결한 황금 좌가 아니라, 갈애가 느낌으로부터 잘려나가는 바로 그 지점에서 최승의 붓다[最勝義佛. Paramattha Buddha]가 되는 깨달음을 성취하였다고 말씀하셨다.

어떤 이들에게는 이 말이 이상하게 받아들여질 수도 있겠지만 최승의 붓다가 보리수 아래 고결한 황금 좌에서 궁극의 깨달음을 얻으신 것은 사실이다.

이제 연기의 부분 2에서 부분 3으로의 연결을 끊으려고 노력하는 것이 수행자에게 있어 얼마나 중요한지를 잘 알았을 것이다. 연기의 고리를 끊는 것이란 바로 느낌의 일어남과 사라짐(무상)을 알아차려 갈애가 일어나지 않게 하는 것이다.

결론적으로 말하면, 세속의 범부를 비참한 존재계인 사악도에 떨어질 위험으로부터 구해 줄 수 있는 것은 위빠사나 수행의 깨달음 외에 아무것도 없다는 것을 다시 한 번 강조하는 바이다.

제24장
몸의 흔들림은 위빠사나 수행과 양립할 수 있는가

붓다께서 살아 계실 때 머물고 계시던 기원정사에 대장로 까삐나(Maha Thera Kappina)가 방문하였다. 붓다로부터 그다지 멀리 떨어지지 않은 지점에서 그는 가부좌를 하고 허리를 바로 세우고 조용히 좌선을 하였다. 장로를 보신 붓다께서 비구들에게 말씀하셨다.

"비구들이여, 그대들은 저 존자의 몸이나 마음에서 어떤 흔들림^{주해1)}이 있는 것을 보았는가?"

비구들이 답했다.

"아닙니다, 세존이시여. 저희는 비구들 사이에 앉아 있는 저 존자의 몸이나 마음에서 어떤 흔들림도 보지 못했습니다."

붓다께서 계속해서 말씀하셨다.

"비구들이여. 집중과 알아차림을 반복해서 수행하면 몸이나 마음의 흔들림이 더 이상 일어나지 않는다. 왜냐하면 집중력(평온함의 원인이 되는)을 반복적으로 수행했기 때문이다."

—『상윳따니까야』 대품(大品. Mahā Vagga Saṁyutta)

『무애해도(無碍解道. Patisambhidā Magga)』에서 수식관(隨息觀)에 대하여 말하기를, "들숨 날숨을 집중하는 수행자의 몸이나 마음은 조금도 흔들리지 않는다"고 했다. 붓다의 가르침에 의하면, 수식관을 하는 수행자는 육체적으로 그리고 정신적으로 조금도 동요되지 않는다는 사실이 이제 분명하다. 이것이 바로 순수한 사마타(Samatha)이다.

붓다의 가르침에는 세 가지의 발전 단계가 있다는 것을 잊어서는 안 된다. 즉 계(戒. Sīla), 정(定. Samadhi), 혜(慧. Paññā)이다. 여기에서 혜는 위빠사나 지혜로서 높은 단계의 지혜를 뜻한다. 계보다는 정(집중)이 더 높고 고귀하고 덕스러우며, 정(집중)보다는 혜가 더 높고 고귀하며 덕스러운 것이라는 데에는 아무도 이의가 없을 것이다. 그러므로 지혜는 이 중 가장 높으며 가장 고귀한 덕목이라고 말할 수 있다. 왜냐하면 지혜만이 수행자를 온갖 번뇌로부터 벗어나게 하고 열반을 성취할 수 있도록 해주기 때문이다. 지혜는 정견(定見)을 우두머리로 하여 모든 성자의 도지(道支)를 실현하는 항목이다.

반면 사마타 수행은 정정(正定)을 우두머리로 하기 때문에 모든 것을 껴안는 지혜, 즉 위빠사나 지혜의 수형이라고 말할 수 없다. 위빠사나 지혜는 오온이 일어나고 사라지는 현상을 알아차리는 수행을 함으로써 얻어지는 것이다. 그러므로 위빠사나 수행에서는 몸이나 마음의 어떠한 흔들림도 있을 수 없다고 단언할 수 있다. 왜냐하면 위빠사나 수행은 바른 마음가짐(이치에 맞게 숙고함. 如理作意)과 바른 지혜(크게 선한 지혜와 관련된 다음)를 포함하고 있기 때문이다.

미얀마의 어떤 장소에 가면 경직되거나 실신하거나 의식불명이 되거나 치매에 걸리거나 쇠약해지는 경우가 있다고 한다.

순수 위빠사나를 할 때는 결코 이러한 바람직하지 못한 일들이 일어날 수 없다. 왜냐하면 수행 자체가 정견과 정사유의 인도를 받는 크게 선한 지혜와 관련된 마음이기 때문이다.

정견(定見)은 올바른 견해이다. 그러므로 정견과 정사유 그리고 바른 마음가짐을 가진 위빠사나 수행자는 오온이 일어나고 사라지는 실재의 모습을 있는 그대로 보는 지혜[如實智見]를 얻는다(무상과 고의 진리).

　그러므로 여기에서 초보 수행자의 이익을 위해 다시 한 번 강조하자면, 위빠사나에서는 위에서 언급한 바와 같이 처음부터 바람직하지 못한 일들이 일어날 수가 없다. 빨리어 경장이나 논장 어디에도 그러한 불행하고 바람직하지 못한 경우를 거론한 적이 없다. 그러므로 수행자는 위빠사나 수행을 지도할 스승을 선택할 때 신중할 것을 권하는 바이다.

〈주해 1〉흔들림 : 흔들림은 몸이 실제로 움직이는 것과 마음의 동요를 말한다. 위빠사나 수행을 하는 중에 지혜가 성숙되어 나가는 과정에서 몸의 흔들림이 일어날 수가 있다. 그러면 지속적으로 몸을 흔들게 된다. 이때 몸을 흔드는 것에 대한 갈애가 일어나서 흔드는 것이다. 집중이 된 상태에서 몸의 진동을 느끼게 되고 이 진동이 확대되면 몸을 흔들게 된다. 이런 상태가 계속되면 더 높은 단계의 지혜가 성숙될 수 없다. 그래서 이때는 흔들고자 하는 마음을 알아차린 뒤에 흔드는 것을 알아차려야 한다.

마음의 동요는 들뜸・의심・게으름 등으로 인하여 산만해져서 싫증을 내게 된다. 이때도 그 마음을 있는 그대로 알아차려야 한다. 마음은 몸에 영향을 주어 흔들림이 일어나도록 하며, 몸은 마음에 영향을 주어 동요를 일으킨다. 이처럼 마음과 몸은 상호작용을 하며 알아차림에 의해 바르게 균형을 유지할 수 있다.

용어집
(빨리어. 영어. 한글. 한문)

1. Pañcakkhandha. Five Aggregates. 오온(五蘊)

   Rūpa. Corporeality. 색(色)

   Vedanā. Feeling. 수(受)

   Saññā. Perception. 상(想)

   Saṅkhāra. Forming, and signifies karma. 행(行)

   Viññāṇa. Consciousness. 식(識)

(1) Rūpakkhandhā. 색온(色蘊)

   Mahā-Bhūtas. Four Primary Elements. 사대(四大);

   ─Paṭhavi. Element of Softness and Hardness. 부드러움과
   단단함의 요소. 지대(地大)

   ─Āpo. Element of Cohesion. 접착의 요소. 수대(水大)

   ─Vāyo. Element of Motion. 움직임의 요소. 풍대(風大)

—Tejo. Element of Heat or Kinetic energy. 열, 운동 에너지 등의 요소. 화대(火大)

(2) Vedandkkhandhā. 수온(受蘊)

Sukha Vedanā. Pleasurable feeling. 즐거운 느낌

Dukkha Vedanā. Unplesurable feeling or unsatisfactory feeling. 괴롭고 불만족스러운 느낌

Upekkhā Vedanā. Indifferent feeling. 덤덤한 느낌

(3) Saññākkhandhā. 상온(想蘊)

Rūpa Saññā. Perception of Form. 물질에 대한 인식. 색상(色想)

Sadda Saññā. Perception of Sound. 소리에 대한 인식. 성상(聲想)

Gandha Saññā. Perception of Smell. 냄새에 대한 인식. 향상(香想)

Rasa Saññā. Perception of Taste. 맛에 대한 인식. 미상(味想)

Phoṭṭhabba Saññā. Perception of Bodily contact. 몸의 접촉에 대한 인식. 촉상(觸想)

Dhamma Saññā. Perception of Mental Objects. 마음의 대상에 대한 인식. 법상(法想)

(4) Saṅkhārakkhandhā. 행온(行蘊)

Mental or Volitional Formations. 느낌과 지각을 제외한 나머지 50가지 마음의 작용(Cetasikas. 心所)의 정신적, 의도적 형성 작용

(5) Viññānakkhandha 식온(識蘊)
Cakkhuviññāna. Eye consciousness. 안식(眼識)
Sotaviññāna. Ear Consciousness. 이식(耳識)
Ghānaviññāna. Nose Consciousness. 비식(鼻識)
Jivhāviññāna. Tongue Consciousness. 설식(舌識)
Manoviññāna. Mind Consciousness. 의식(意識)

2.
(1) Āyatana. Internal Sense Bases. 내부 감각 기반. 내입(內入)
Cakkhāyatana. Eye base. 보는 기반. 안처(眼處)
Sotāyatana. Ear base. 듣는 기반. 이처(耳處)
Ghānāyatana. Nose base. 냄새를 맡는 기반. 비처(鼻處)
Jivhāyatana. Tongue base. 맛을 보는 기반. 설처(舌處)
Kāyatana. Body base. 몸, 감촉의 기반. 신처(身處)
Manāyatana. Mind base. 마음, 의식의 기반. 식처(識處)
이들을 여섯 가지 내부 감각 기반이라고 한다.

(2) Āyatana. External Bases. 외부 감각 기반. 외입(外入)

Rupāyatana. Visible Form Base. 물질의 영역. 색처(色處)

Saddāyatana. Sound Base. 소리의 영역. 성처(聲處)

Gandhāyatana. Odour or olfactory base. 냄새의 영역. 향처 (香處)

Rasāyatana. Gustatory base. 미각, 맛의 영역. 미처(味處)

Phoṭṭhabhāyatana. Tactility base. 몸의 접촉의 영역. 촉처(觸處)

Dhammāyatana. 사유대상의 영역. 52가지 마음의 작용[心所], 16가지 미묘한 물질(감각대상), 열반과 개념. 법회(法廻)

3. Ariya Saccas. Four Noble Truths. 사성제(四聖諦)

(1) Dukkha Sacca. Truth of Suffering. 괴로움의 진리. 고제(苦諦) 81가지 세간의 마음, 탐심을 제외한 51가지 마음의 작용[心所]

(2) Samudaya Sacca. Truth of the Cause of Suffering. 괴로움의 원인에 대한 진리. 탐심. 집제(集諦)

(3) Nirodha Sacca. Truth of the Extinction of Suffering. 괴로움의 소멸에 대한 진리. 멸제(滅諦)

(4) Magga Sacca. Truth of the Path leading to the Extinction of Suffering. 괴로움의 소멸로 이끄는 올바른 길에 대한 진리. 도제(道諦)

4. Āsavas. Four Defilements. 흐르는 것. 새는 것. 번뇌. 유루(流漏)

(1) Kāmāsava. Greed or Craving. 욕망, 갈애에 의한 번뇌. 욕루

(欲漏)

(2) Bhāvasava. Lust for the next life in higher planes. 존재에
대한 번뇌. 내세에 보다 나은 세계에 태어나고 싶은 욕망

(3) Diṭṭhāsava. Wrong and perverted view. 사견의 번뇌. 견루
(見漏)

(4) Avijjāsava. Ignorance of Ariya Saccas. 사성제에 대한 무지.
무지의 번뇌. 무명루(無明漏)

5. Ogha. Whirlpool. 흐름, 번뇌의 폭류(暴流)

(1) Kāmogha. Whirlpool of craving. 욕망의 흐름. 욕류(欲流)

(2) Bhavogha. Whirlpool of Desire for the existence in the higher
planes in the new life. 다시 태어남의 흐름. 유류(有流)

(3) Diṭṭhogha. Whirlpool of wrong and preverted views. 잘못
된 견해의 흐름. 견류(見流)

(4) Avijjogha. Whirlpool of Ignorance of the four Ariya Saccas.
사성제에 대한 무지의 흐름. 무명류(無明流)

6. Upādāna. Attachment. 집착. 취(取)

(1) Kāmupādāna. Attachment to sensual pleasure. 감각적 욕망
에 대한 집착. 욕취(慾取)

(2) Diṭṭhupādāna. Attachement to wrong and perverted views.
잘못된 견해에 대한 집착. 견취(見取)

7. Sīlabbatuppādāna. Attachment to wrong precepts and practices. 계율과 의식에 대한 집착. 계금취(戒禁取)

8. Attavādupādāna. Attachment to the theory of self of Ego. 유신견에 대한 집착. 유신취(有身取)

9. Nivāraṇa. Hindrances. 장애. 덮개[蓋]

(1) Kāmacchanda Nivāraṇa. Hindrance of sensual pleasure. 감각적 욕망의 장애

(2) Vyāpāda Nivāraṇa. Hindrance of ill-feeling or Hatred. 분노, 성냄의 장애

(3) Thinamiddha Nivāraṇa. Hindrance of sloth and torpor. 혼침과 졸음의 장애

(4) Uddhacca Kukkucca Nivāraṇa. Hindrance of distraction and remorse. 흥분, 산만, 도거(掉擧)의 장애

(5) Vicikicchā Nivāraṇa. Hindrance of doubts or undecisive-ness or perplexity of one's mind. 회의적 의심, 불확실성, 주저의 장애

(6) Avijjānivaraṇa Nivāraṇa. Hindrance of Ignorance of Ariya Saccas. 사성제에 대한 무지의 장애

10. Anusayas. Seven Latent States of Evil. 7개의 잠재적 성향(性向)

(1) Kāmarāgānusaya. Sensual Pleasure. 감각적 욕망의 성향

(2) Bhavarāgānusaya. Desire for the existences in the next life. 내세의 존재에 대한 갈망의 성향

(3) Paṭighānusaya. Hatred or Anger. 분노, 성냄의 성향

(4) Mānānusaya. Pride or self conceit. 거만, 교만의 성향

(5) Diṭṭhānusaya. Wrong and perverted view. 잘못된 견해의 성향

(6) Vicikicchānusaya. Doubts and undecisiveness. 회의적 의심의 성향

(7) Avijjānusaya. Ignorance of Ariya Saccas. 사성제에 대한 무지의 성향

11. Saṁyojanas. Ten Fetters. 10가지의 속박, 족쇄, 십결(十結)

(1) Sakkāya Diṭṭhi Saṁyojanas. 유신견의 속박

(2) Kāmarāga Saṁyojanas. 감각적 욕망의 속박

(3) Ruparāga Saṁyojanas. 물질에 대한 탐욕의 속박

(4) Arūparāga Saṁyojanas. 형상이 없는 세계에 대한 탐욕의 속박

(5) Paṭigha Saṁyojana. 분노의 속박

(6) Māna Saṁyojana. 교만의 속박

(7) Silabbata paramāsa Saṁyojana. 도덕적 의무와 계율[戒禁]에 집착하는 속박

(8) Vicikicchā Saṁyojana. 의심의 속박

(9) Uddhacca Saṁyojana. 흥분, 산만, 도거(掉擧)의 속박

(10) Avijjā Saṁyojana. 무명의 속박

12. Kilesa. Ten Impurities. 10가지 번뇌에 의한 오염

(1) Lobha. Greed or Craving. 탐욕

(2) Dosa. Hatred or Ill-Will. 성냄

(3) Moha. Delusion. 어리석음

(4) Māna. Self Conceit. 자만, 교만

(5) Diṭṭhi. Wrong or perverted view. 잘못된 견해

(6) Vicikicchā. Doubts or undecisiveness. 회의적 의심

(7) Thinamiddha. Sloth and Torpor. 혼침과 졸음

(8) Uddhacca. Distraction of mind. 흥분, 산만, 도거

(9) Ahirika. Shamelessness. 부끄러움을 모름

(10) Anottappa. Unconscientiousness or fearlessness. 비양심

13. Bodhipakkhiya Dhamma. Thirty Seven Factors of Enlighten-
    ment. 37가지 깨달음의 요소

(1) 4 Satipaṭṭhāna. Foundations of mindfulness. 네 가지 알아차
    림의 확립. 사념처(四念處)

(2) 4 Samma Padhāna. Right efforts. 네 가지 바른 노력. 정근지
    (精勤支)

(3) 4 Iddhipāda. Means of Accomplishment. 네 가지 신통의 구
    성요소. 여의족(如意足)

(4) 5 Indriya. Faculties. 다섯 가지 감각기관. 지각능력

(5) 5 Bala. Powers. 다섯 가지 위력, 힘[五根]

(6) 7 Bojjhaṅga. Constituents of Enlightenments. 일곱 가지 지식, 깨달음(七覺支)

(7) 8 Maggaṅga. Path constituents. 여덟 가지 올바른 길의 항목. 도지(道支)

14. Adhipati. Four Predominating Factors. 4가지 현저한 요소

(1) Chandādhipati. Predominating desire or wish-to-do. 욕망의 지배. 욕증상(欲增上)

(2) Viriyādhipati. Predominating effort. 정진의 영향, 지배. 정진증상(精進增上)

(3) Cittādhipati. Predominating consciousness. 생각의 영향. 심증상(心增上)

(4) Vimaṁsādhipati. Predominating investigation. 관혜(觀慧)의 영향, 지배. 관증상(觀增上)

15. Āhāras. Four Foods. 4가지의 음식

(1) Kabaliṅkārahāra. Nourishment of Food. 물질적인 음식물을 먹음. 단식(團食)

(2) Phassāhāra. Nourishment of Contact. 감촉에 의한 음식물. 촉식(觸食)

(3) Manosañcetanāhāra. Nourishment of Volition. 표상적 인식
의 음식. 의사식(意思食)

(4) Viññāṇāhāra. Nourishment of Consciousness. 의식이라는 음
식. 식식(識食)

16. Satipaṭṭhāna. Four Foundations of Mindfulness. 4가지 알
아차림의 확립. 사념처(四念處)

(1) Kāyānupassanā. Mindfulness of Body. 신념처(身念處)

(2) Vedanānupassanā. Mindfulness of Feeling. 수념처(受念處)

(3) Cittānupasanā. Mindfulness of Mind. 심념처(心念處)

(4) Dhammānupassanā. Mindfulness of Dhamma or Saccā. 법
념처(法念處) 여기에서 법은 열반, 오온, 처(處), 깨달음의 요소,
사성제 등 폭넓은 의미로 쓰인다.

17. Maggaṅga. Eight Path Constituents. 올바른 길의 항목. 도
지(道支). 팔정도(八正道)

(1) Sammā Diṭṭhi. Right View. 정견(正見)

(2) Sammā Saṅkappa. Right Thought. 정사유(正思惟)

(3) Sammā Vācā. Right Speech. 정어(正語)

(4) Sammā Kammanta. Right Action. 정업(正業)

(5) Sammā ājiva. Right Livelihood. 정명(正命)

(6) Sammā Vāyāma. Right Effort. 정정진(正精進)

(7) Sammā Sati. Right Mindfulness. 정념(正念)

(8) Sammā Samādhi. Right Concentration. 정정(正定)

18. Sammā Diṭṭhi. Five Right Views. 5가지 정견(正見)

(1) Kammasakatā Sammā diṭṭhi. 업(業)을 자기의 것이라고 보는 바른 견해. '씨는 뿌린 대로 거둔다.' 등과 같은 보통의 바른 견해. 업자성(業自性)

(2) Vipassanā Sammā diṭṭhi. 오온을 바르게 알아차려 오직 일어 나고 사라지는 현상이 있을 뿐이라고 아는 바른 견해

(3) Magga Sammā diṭṭhi. 도(道)를 성취하여 얻는 바른 견해

(4) Phala Sammā diṭṭhi. 과(果)를 성취하여 얻는 바른 견해

(5) Paccavekkhana Sammā diṭṭhi. 성찰에 의해 얻는 바른 견해

19. Saṅkhārās. Three Actions. 3가지의 업

(1) Kāya Saṅkhārā. Bodily Action. 신업(身業)

(2) Vaci Saṅkhārā. Verbal Action. 구업(口業)

(3) Citta Saṅkhārā. Mental Action. 의업(意業)

20. Saṅkhārās. Three Activities. 3가지의 행위[行]

(1) Puññābhi Saṅkhārā. Meritorious or wholesome activities. 공덕이 있는 행

(2) Apuññābhi Saṅkhārā. Demeritorious or unwholesome

activities. 공덕이 없는 행

(3) Ānañjābhi Saṅkhāra. Unshakable activities. 부동행(不動行)

21. Saṅkhārās in Visuddhimagga. 청정도론(淸淨道論)

(1) Saṇkhata Saṅkhāra. 조건 지어진 유위(有爲). Aniccāvata Saṅkhāra(모든 현상은 무상하다. 諸行無常)에 설해진 원인과 결과의 법칙

(2) Abhisaṇkhata Saṅkhāra. 삼계에 있는 모든 정신과 물질은 업의 힘의 결과로 존재한다.

(3) Abhisankhāranaka Saṅkhāra. 삼계에서 일어나는 29가지 선한 마음과 불선한 마음

(4) Payogāghi Saṅkhāra. 정신적, 육체적 노력. 가행정진(加行精進)

22. Four Attributes of Sotāpanna 수다원(須多洹)의 4가지 특징

(1) Sappurisa Saṃseva. Association with noble persons. 선한 사람과의 교제

(2) Dhammasavana. Hearing the sermons of the Ariya. 진리를 설하는 것을 들음. 청법(聽法)

(3) Yonisomanasikāra. Right attitude towards realities. 이치에 맞게 숙고함. 여리작의(如理作意)

(4) Dhammānudhammapatipatti. Practice to attain realization by following the path of Eight Maggaṅgas. 도과를 성취하

기 위해 팔정도를 따라 수행함.

23. Sakkāya Diṭṭhi. Egoistic Wrong View. 유신견(有身見)

24. Sassata Diṭṭhi. Eternalist Wrong View. 상견(常見)

25. Uccheda Diṭṭhi. Annihilationist Wrong View. 단견(斷見)

26. Kilesa Vaṭṭa. The Round of Passions. 번뇌의 굴레
(1) Avijja. Ignorance of Sacca. 진리에 대한 무지
(2) Taṇhā. Sensual Desire. 갈애
(3) Upādāna. Attachment. 집착

27. Kamma Vaṭṭa. The Round of Karma. 업의 굴레
(1) Saṅkhārā 정신적, 언어적, 육체적 행위
(2) Kammabhava 정신적, 언어적, 육체적 행위

28. Vipāka Vaṭṭa. The Round of Resultant Effects. 과보의 굴레
(1) Viññāna. Rebirth Consciousness. 식(識. 재생연결식)
(2) Nāmarūpa. Mind and Matter. 명색(名色)
(3) Salāyatana. Six Sense Bases. 육입(六入)
(4) Phassa. Contact. 촉(觸)

(5) Vedanā. Feeling. 수(受)

(6) Jāti. Birth. 생(生)

(7) Upapattibhava. Renewed Existence. 업의 생성. 업유(業有) 태
에 들어가 생을 받는 순간의 존재. 생유(生有)

─9계의 존재:

1) Kāmabhava. 감각적인 욕망에 의해 지배받는 존재 상태.
욕유(欲有)

2) Rūpabhava. 청정한 물질적인 존재. 색유(色有)

3) Arūpabhava. 형상이 없는 존재. 무색유(無色有)

4) Saññabhava. 의식적인 존재. 상유(想有)

5) Asaññibhava. 마음과 마음의 작용이 끊어진 존재. 무상유
(無想有)

6) Nevasaññināsaññibhava. 있는 것도 아니고 없는 것도 아
닌 존재

7) Ekavokāra. 한 가지 구성요소의 존재. 일온유(一蘊有)

8) Catu Vokāra. 네 가지 구성요소의 존재. 사온유(四蘊有)

9) Pancavokārabhava. 다섯 가지 구성요소의 존재. 오온유(五
蘊有)

(8) Jarāmarana. Old Age and Death. 노사(老死)

29. Yonisomanasikāra. Right Attitude towards Realities. 이치
에 맞게 숙고함. 여리작의(如理作意)

30. Ayonisomanasikāra. Wrong Attitude towards Realities. 부당한 의도, 사유. 비여리작의(非如理作意)

31. Yathābhūtañāna. Knowledge Gained by Seeing Things that they really are. 있는 그대로를 아는 지혜. 여실지견(如實知見)

32. Ñāta Pariññā. Exact Knowledge Gained through Hearing of Dhamma. 법을 들어서 얻는 완전한 지식. 지편지(知遍知)

33. Tiraṇa Pariññā. Exact Knowledge Gained by Meditation on Anicca, Dukkha and Anatta. 완전한 지혜에 대한 측정. 무상, 고, 무아를 알아차리는 수행을 통해 얻는 완전한 지혜. 도편지(度遍知)

34. Pahāna Pariññā. Exact Knowledge gained by Uprooting Kilesas, Anusayas and Saṁyojanas. 번뇌를 끊음으로써 얻는 완전한 지식. 단편지(斷遍知)

35. Kusala Kamma. Wholesome Action. 선업(善業)

36. Akusala Kamma. Unwholesome Action. 불선업(不善業)

37. Kāya Kamma. Bodily Action. 신업(身業)

38. Vaci Kamma. Verbal Action. 구업(口業)

39. Mano Kamma. Mental Action. 의업(意業)

40. Lobha. Greed or Craving. 탐욕. 탐(貪)

41. Dosa. Anger or Hatred. 성냄. 진(瞋)

42. Moha. Delusion. 어리석음. 치(癡)

43. Māna. Self Conceit. 자만(自慢)

옮긴이의 말

이 책에서는 본격적인 위빠사나 실수행에 앞서 사견을 제거하고 바른 견해를 갖추는 것이 무엇보다 중요하다고 말합니다. 다양한 사견과 의심을 제거하여 윤회를 끊는 중도의 길을 선택할 수 있도록 해주는 핵심적인 법이 바로 연기법입니다. 이 책의 번역을 통해 이러한 연기법을 공부하는 기회를 주신 상좌불교 한국 명상원의 묘원 법사님께 큰 감사를 드립니다. 법사님께서는 교정과 주해 작업을 위해 많은 시간을 할애하셨고, 그 과정 자체가 저에게는 연기법을 조금 더 바르게 이해할 수 있는 값진 수업이었습니다.

내용과 문장 상의 오류를 바른 알아차림으로 지적해 주신 이종숙 선생님과 황영채 선생님의 뛰어난 교열에 감사드리며, 또한 도움을 주신 선원의 여러분들께도 감사의 말씀을 드립니다. 이 책을 통해 많은 수행자들께서 연기법과 사념처 위빠사나를 바르게 이해하여 괴로움이 일어나는 근본 원인인 사견을 제거하고 위빠사나 실수행에 많은 도움을 받으실 수 있기를 기원합니다.

2006년 6월

禪香 조 영 미